8° F
9048

AF463012

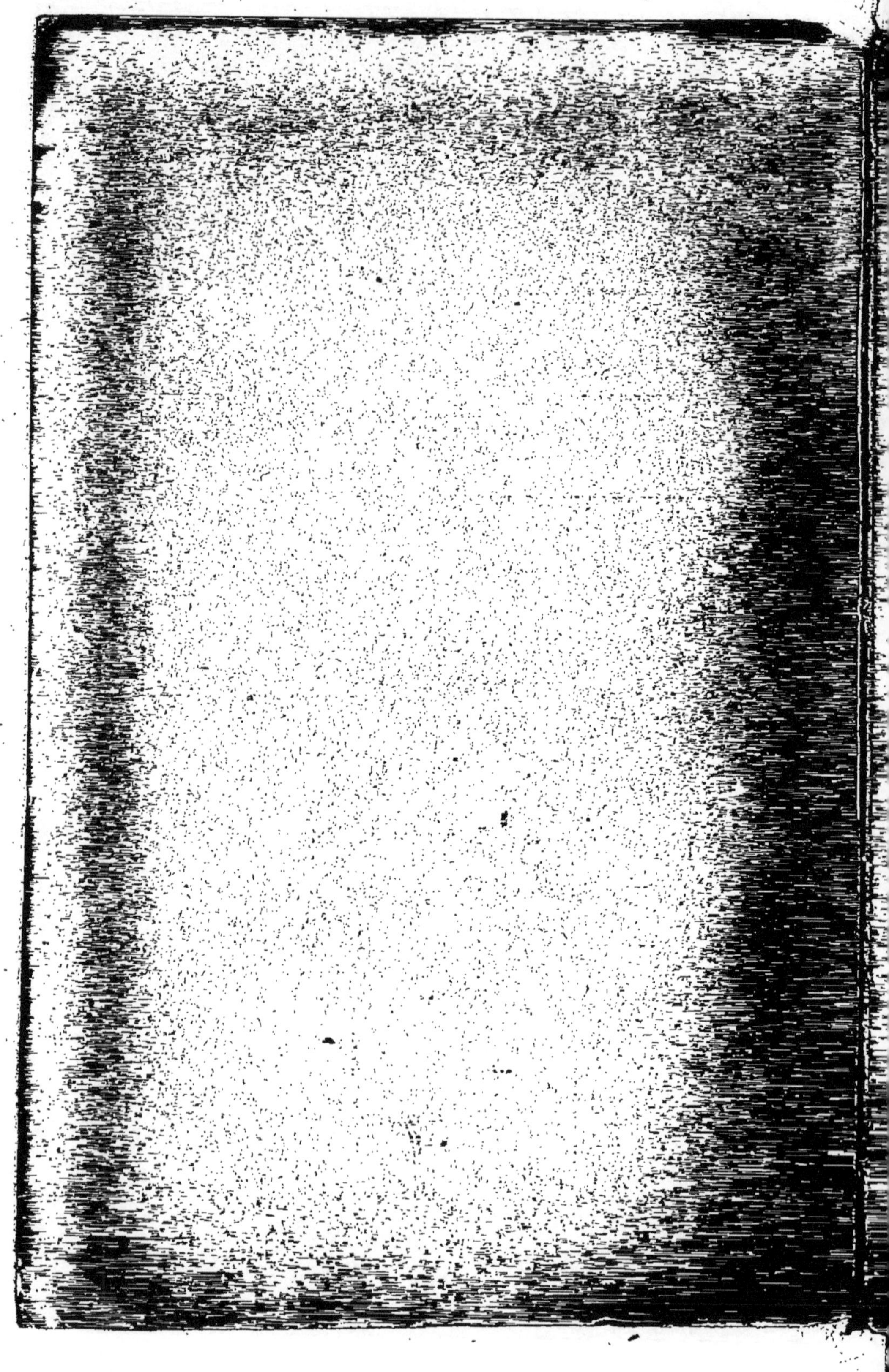

CRÉATION & DIRECTION

DES USINES

AU POINT DE VUE ADMINISTRATIF

PARIS. — IMPRIMERIE E. BERNARD ET Cie

23, RUE DES GRANDS-AUGUSTINS, 23

CRÉATION & DIRECTION
DES USINES
AU POINT DE VUE ADMINISTRATIF

PAR

L.-B. AURIENTIS
DIRECTEUR DES USINES FÉLIX POTIN

ET

A. FOLIN
AVOCAT, DOCTEUR EN DROIT

PARIS
LIBRAIRIE E. BERNARD & Cie
IMPRIMEURS-ÉDITEURS
53 *ter*, *Quai des Grands-Augustins*, 53 *ter*

1896

INTRODUCTION

Ce livre est un guide destiné à ceux qui ont à créer ou à diriger un établissement industriel.

Il contient, dans un ordre méthodique, les résumés et commentaires de tous les textes légaux : *Lois*, *Décrets*, *Arrêtés*, *Ordonnances*, *Règlements*, que le chef d'une usine existante ou l'ingénieur qui en dresse le projet doivent nécessairement connaître, et dont ils ignorent trop souvent les plus importantes dispositions, en raison du très grand nombre de ces documents et de leur dissémination.

Le chef d'une exploitation industrielle doit toujours dépenser une grande somme de travail et d'énergie pour assurer la bonne marche de son usine. Au point de vue des difficultés d'ordre technique qu'il peut avoir à vaincre, il est en général parfaitement armé : en outre de sa science et de son expérience personnelles, il dispose de nombreux documents, d'ouvrages spéciaux. Or, ce chef d'industrie, si bien préparé pour la lutte scientifique, est absolument démuni de toute instruction, de tous renseignements concernant la partie administrative, au sens littéral du mot, dans le rôle qui lui incombe. Il ignore aussi bien ses droits que ses devoirs, et la plus élémentaire des formalités d'enquête, la plus simple à formuler des demandes en autorisation lui sont inconnues et lui semblent exclusivement du domaine juridique,

Il manquait jusqu'à ce jour aux chefs d'industrie un manuel bref et complet de cette partie administrative. Ils trouveront dans notre livre un formulaire concis qui les guidera dans l'inextricable et confus dédale des lois et règlements qui les concernent.

Nous avons pris l'usine à son origine, en étudiant les classements, les enquêtes préalables, etc. Nous avons résumé ensuite les règlements concernant les moteurs de toute nature, les lois qui déterminent le travail des mineurs et des femmes, celles qui concernent l'hygiène et la sécurité des ouvriers ; nous avons cherché à condenser clairement tout ce qui est relatif au fonctionnement intérieur de l'usine et aux relations entre le chef et ses ouvriers : règlement intérieur, paies, règlement de comptes et litiges, sociétés de secours mutuels, caisses de retraites, etc., etc.

Si, comme nous l'espérons, nous avons à grands traits marqué ce programme en ses points essentiels, et tracé la voie que doivent suivre les usiniers ayant à créer ou gérer un établissement industriel, nous aurons fait œuvre utile.

CHAPITRE I

CLASSEMENT DES ÉTABLISSEMENTS DANGEREUX, INCOMMODES OU INSALUBRES

Les textes sont nombreux : Décret du 15 octobre 1810; ordonnance royale du 14 janvier 1815 ; tableau de classement du 31 décembre 1866 ; tableaux supplémentaires des 31 janvier 1872 et 7 mai 1878 ; décrets du 22 avril 1879, du 26 février 1881, du 20 juin 1883, du 3 mai 1886 ; au point de vue du classement le texte capital est le tableau du 3 mai 1886. Il a ajouté beaucoup d'industries nouvelles à celles du décret de 1810 et de l'ordonnance de 1815.

L'article 1er du décret du 15 octobre 1810 établit la division des établissements dangereux, incommodes ou insalubres en trois classes : « A compter de la publication du présent décret, dit-il, les manufactures ou ateliers qui répandent une odeur insalubre ou incommode ne pourront être formés sans une permission de l'autorité administrative. »

Dans la première classe, il englobe tous les établissements qui doivent être éloignés des habitations particulières.

La seconde comprend les manufactures et ateliers dont l'éloignement des habitations n'est pas absolument nécessaire, mais dont il importe de ne tolérer la formation qu'après avoir acquis la certitude que les opérations qu'on y pratique sont exécutées de manière à ne pas incommoder les propriétaires voisins, ni à leur causer des dommages.

L'ordonnance du 14 janvier 1815 établissait une nomenclature nouvelle des établissements. C'était un cadre élastique disposé pour recevoir la désignation des industries diverses que l'administration classerait par la suite.

En 1837, il a été publié un tableau officiel des établissements classés.

Le droit de réglementation qui appartient au Gouvernement lui donne toujours le moyen de procéder à des classements nouveaux : c'est le chef de l'État qui a qualité pour classer les industries et modifier ce classement, au moyen de règlements d'administration publique. Le projet est examiné par le conseil d'État en assemblée générale et rendu exécutoire par un décret.

En vertu de l'article 5 de l'ordonnance du 14 janvier 1815 « les préfets sont autorisés à faire suspendre la formation ou l'exercice des établissements nouveaux qui seraient de nature à être placés dans la nomenclature. Ils pourront accorder l'autorisation pour tous ceux qu'ils jugeront devoir appartenir à la seconde et à la troisième classes de la nomenclature. »

Dès qu'il s'agit d'un établissement de la seconde ou de la troisième classe, le préfet peut toujours en suspendre l'exploitation ; il peut l'autoriser ultérieurement. A l'égard des procédés et appareils, l'administration examine si l'établissement n'a pas changé de classe.

S'il y a vente, bail ou cession de l'établissement, il n'est pas nécessaire de demander une nouvelle autorisation.

Des demandes en autorisation

Les formalités ne sont pas identiques pour les établissements dangereux, incommodes ou insalubres de la première, de la deuxième ou de la troisième classe. Il importe donc de se reporter à tout moment au décret de 1810, à l'ordonnance de 1815, et au tableau de classement de 1886. Nous les insérons dans cet ouvrage pour qu'on puisse facilement les consulter.

Demandes concernant les Etablissements de la première classe

La demande doit être adressée au préfet du département. Dans le département de la Seine, il faut s'adresser au préfet de police.

Pour un établissement de la première classe, le préfet a droit de prononcer la suspension. Il ne lui est pas loisible d'accorder une autorisation provisoire. Les arrêtés préfectoraux pris aux termes de l'article 5 de l'ordonnance du 14 janvier 1815 sont de simples mesures provisoires. On ne peut les déférer aux conseils de préfecture ou au conseil d'État par la voix contentieuse. Seul, le ministre du Commerce est compétent sur ces arrêtés.

La décision du ministre, qu'elle confirme ou réforme l'arrêté préfectoral, peut être déférée au conseil d'État sur l'appel des intéressés.

La translation d'une industrie de son emplacement primitif dans un emplacement nouveau enlève à cette industrie tous les avantages légaux de son passé. Il faut une permission nouvelle. Un établissement classé est déchu également de ses privilèges antérieurs par l'interruption des travaux durant six mois. Il faut toutefois que l'interruption ait été volontaire (article 13, décret 1810). Pour la reprise des travaux, une nouvelle autorisation est nécessaire. Si une industrie comprend divers ateliers, la déchéance ne s'applique qu'à ceux qui ont cessé de fonctionner.

Au cas de changement complet dans l'emploi des matières premières, voici le modèle de la demande d'autorisation :

Le 189

Monsieur le Préfet,

« J'ai l'honneur de vous informer de mon intention de créer un établissement industriel : *Indications de l'emplacement de l'atelier; de la nature de l'industrie; des appareils et des procédés qui seront employés; plan des lieux indiquant les constructions à faire et la distance qui les sépare des habitations et des propriétés voisines.*

Veuillez agréer, Monsieur le Préfet, etc. »

Toutes ces prescriptions sont formulées dans l'article 2 de l'ordonnance de police du 5 novembre 1810, et dans l'article 4 de l'ordonnance royale du 14 janvier 1815.

Par ordre du préfet, la demande d'autorisation est affichée dans toutes les communes situées dans un rayon de cinq kilomètres de l'établissement projeté. L'affichage se prolonge pendant un mois. Durant ce délai, dans chaque mairie de ces communes, on procède à une enquête *de commodo et incommodo*; autrement dit, on procède à une information sur les inconvénients de l'établissement. A ce moment, les tiers intéressés peuvent présenter leurs moyens d'opposition pour faire repousser la demande.

Les maires peuvent faire des réclamations au nom de leurs

administrés. Le délai d'un mois n'est pas de rigueur pour les opposants. Le droit de formuler des plaintes est permanent tant que la décision sur la demande n'a pas été rendue.

Les maires dressent le certificat de l'apposition des affiches, le procès-verbal de l'enquête et les oppositions. Si le maire était partie, ou réclamant au nom de sa commune, l'adjoint aurait compétence.

L'affiche de la demande, la réception des oppositions pendant un mois, la constatation de ces formalités par les autorités locales, sont des règles substantielles.

L'inobservation totale ou partielle de l'une d'elles autoriserait les opposants à demander l'annulation de la décision prise sur la demande.

Après la clôture de l'enquête, les maires transmettent les pièces au sous-préfet, Celui-ci examine les résultats de l'information administrative. Il donne son avis sur la demande, sous forme d'arrêté ; puis il communique le tout au préfet.

L'instruction suit son cours devant le préfet, c'est à lui que doivent être adressées les oppositions qui n'ont pas été produites lors de l'enquête faite dans les communes.

Toutes les oppositions qui se sont produites jusqu'au moment où le préfet déclare son information complète, où il va statuer, sont soumises au conseil de préfecture qui apprécie, sauf recours au conseil d'État.

Avant de statuer, le préfet s'éclaire en outre de l'avis du conseil d'hygiène et de salubrité dans les départements où ce conseil existe. Dans les départements où il n'existe pas, il s'adresse aux ingénieurs des mines. Dans certains cas, il peut même s'adresser au comité central des Arts et Manufactures.

Lorsqu'il s'agit d'une usine à feu, les agents forestiers de la localité doivent être consultés.

Depuis le décret du 22 mars 1852, le demandeur doit se pourvoir, contre l'arrêté préfectoral rejetant sa demande, devant le conseil d'État. C'est devant le conseil de préfecture que les tiers intéressés doivent recourir contre l'arrêté qui a rejeté leurs oppositions, sauf appel au conseil d'État. Le recours des tiers n'est soumis à aucun délai et menace toujours l'existence des établissements de la première classe.

Demandes concernant les Etablissements de la deuxième classe

En vertu de l'article 7 du décret du 15 octobre 1810 « l'entrepreneur adressera sa demande au sous-préfet de l'arrondissement qui la transmettra au maire de la commune dans laquelle on veut former l'établissement, en le chargeant de procéder à des informations *de commodo et incommodo*. Ces informations terminées, le sous-préfet prendra sur le tout un arrêté qu'il transmettra au préfet ; celui-ci statuera, sauf le recours au conseil d'État pour toutes les parties intéressées. S'il y a opposition, il y sera statué par le conseil de préfecture, sauf le recours au conseil d'État. »

MODÈLE DE LA DEMANDE

Le 189

Monsieur le Sous-Préfet,

« J'ai l'honneur de vous informer de mon intention de créer un établissement industriel : *Indications identiques à celles contenues dans la demande adressée au préfet ; emplacement de l'atelier ; nature de l'industrie ; appareils et procédés qui seront employés ; plan des lieux indiquant les constructions projetées, etc., la distance qui les sépare des habitations et des propriétés voisines.*

Veuillez agréer, Monsieur le Sous-Préfet, etc. »

Toutefois, pour les communes de Meudon, Sèvres et Saint-Cloud et pour les département de la Seine, les demandes doivent être adressées directement au préfet de police.

L'affichage de la demande avant l'enquête n'est pas prescrit d'une façon expresse. Les oppositions qui se produisent pendant l'instruction devant le préfet ne sont pas soumises forcément au conseil de préfecture. Cette formalité n'est prescrite que pour les établissements de la première classe. Le recours direct au conseil d'État est permis aux demandeurs quand ils ont subi un refus ou quand l'arrêté d'autorisation leur impose des conditions qu'ils veulent faire modifier ; mais, si l'opposition est exercée devant le conseil de préfecture, aucun délai n'est imposé aux tiers.

Le fabricant qui a obtenu l'autorisation se trouve dans une situation toujours précaire, car les oppositions des tiers sont toujours possibles. Il ne peut mettre les tiers intéressés en demeure de former opposition, pour conjurer les fâcheuses éventualités qui menacent l'avenir de son industrie.

Demandes concernant les Etablissements de la troisième classe

Le droit d'autorisation, conféré à l'origine aux maires par l'article 5 du décret de 1810, a été transféré aux sous-préfets par l'ordonnance du 14 janvier 1815. Elle déclare, dans son article 3 : les permissions nécessaires pour la formation des établissements compris dans la troisième classe sont délivrées dans les départements, conformément aux articles 2 et 3 du décret du 15 octobre 1810, par les sous-préfets, après avoir pris préalablement l'avis des maires et de la police locale.

Aucune enquête n'est prescrite. Toutefois, l'enquête existe dans le ressort de la préfecture de police.

Le demandeur lésé, les tiers opposants, peuvent réclamer contre la décision devant le conseil de préfecture. Ce dernier peut donner l'autorisation en réformant l'arrêté de refus, annuler l'arrêté d'autorisation, modifier, ajouter ou supprimer certaines conditions, ordonner un supplément d'instruction, s'il ne se croit pas suffisamment renseigné.

Le recours devant le conseil de préfecture n'est soumis à aucun délai. La décision du conseil de préfecture peut être déférée au conseil d'État.

Demandes concernant les Etablissements qui comprennent des ateliers de différentes classes

Il n'est besoin que d'une demande, que d'une enquête pure et simple, que d'une seule décision si le projet d'établissement ne comprend qu'une industrie, et si c'est seulement à raison de ses moyens et de ses appareils que l'établissement doit se rattacher à une classe plus élevée que celle où est rangée cette industrie. Seulement, la procédure à suivre est celle indiquée par la loi pour la classe la plus élevée.

Mais, si l'établissement devait comprendre plusieurs industries distinctes et des ateliers différents, il en serait autrement. Il faudrait une demande, une instruction et une autorisation pour chaque atelier. La formation de l'un pourrait être autorisée, tandis que celle de l'autre pourrait être refusée.

De l'admission ou du rejet de la demande en autorisation

MOTIFS ET CONDITIONS DE L'AUTORISATION

L'administration, pour accorder ou refuser l'autorisation, se place au point de vue de la sûreté et de la salubrité publiques. Les établissements dangereux, incommodes ou insalubres ne peuvent être autorisés que s'ils ne sont pas nuisibles à la sécurité, à la salubrité et à la tranquillité publiques.

Les établissements de la première classe ne seront formés que s'ils sont projetés loin de toute habitation. En ce qui concerne la distance à observer, elle est soumise à l'appréciation de l'administration, qui tient compte de l'état des lieux et de la nature des travaux à effectuer. Il n'y a pas de distance fixe à observer.

L'éloignement n'est imposé, aux établissements de la première classe, qu'au profit des habitations construites au moment de l'autorisation (art. 9, décret 1810). Il n'est permis de réclamer l'éloignement que si l'établissement, par suite d'une interruption de travail de six mois, perdait le bénéfice d'une autorisation. Dans ce cas, on procéderait comme s'il n'y avait aucune autorisation.

Pour les établissements de la deuxième classe, leur éloignement des habitations n'est pas absolument nécessaire. L'appréciation de l'autorité publique est très large. Suivant les fonds et la disposition des lieux, elle pourra éloigner l'établissement ou autoriser son rapprochement.

Pour les établissements de la troisième classe, le décret de 1810 déclare qu'ils peuvent rester, sans inconvénient, auprès des habitations particulières.

Néanmoins, il peut arriver, à raison de circonstances particulières, que l'autorité publique, comme pour les établissements des deux premières classes, ne permette la formation d'un établissement de la troisième classe que si la sûreté et la salubrité du voisinage ne sont pas compromises.

L'administration peut imposer une limitation dans la durée de l'autorisation, pourvu que cette limitation soit fondée sur des motifs de sûreté et de salubrité publiques.

Une demande repoussée une première fois peut être reproduite sous des termes différents. Le demandeur doit y introduire des conditions nouvelles.

Action des autorités administratives et judiciaires sur l'exploitation des Etablissements dangereux, incommodes ou insalubres

L'administration doit veiller à ce que les fabricants ne s'écartent jamais des conditions de l'autorisation, des prescriptions générales ou locales établies dans un but de sûreté, de salubrité et de tranquillité publiques. Elle doit rechercher les inconvénients de l'exploitation. Elle doit les combattre quand il lui en apparaît depuis l'autorisation.

Les particuliers ont un droit de surveillance qui s'exerce parallèlement à celui de l'administration, quand ils subissent les influences de l'établissement. Ils peuvent toujours adresser leurs plaintes à l'administration. Si leurs griefs sont fondés, celle-ci prend les mesures nécessaires. Elle a recours à l'avertissement. Elle emploie aussi la suspension ou la suppression de l'établissement. L'administration peut aussi provoquer les mesures que l'autorité judiciaire a le droit d'appliquer, comme l'amende, et la cessation des faits qui contreviennent à la loi. En outre, les tiers intéressés qui se prétendent lésés ont toujours le recours possible à l'action civile en dommages-intérêts.

Pendant son exploitation, un établissement industriel peut être supprimé; cette suppression consiste dans la défense d'employer les constructions et les appareils à l'usage auquel on les avait destinés.

La suppression est prononcée comme pénalité ou comme mesure de sûreté publique.

La suppression à titre de pénalité atteint les établissements qui, tout en étant classés, ne sont pas munis de l'autorisation nécessaire à leur existence légale. Cette suppression se produit dans plusieurs circonstances :

1° Au cas où le chef de l'établissement ne peut justifier d'une permission accordée.

2° Au cas où la permission a été révoquée.

3° Au cas où le chef de l'établissement est déchu du droit de s'en prévaloir.

C'est au propriétaire d'un atelier classé qu'incombe la charge d'en prouver l'existence légale.

Au cas de révocation de l'autorisation, la suppression de l'établissement résulte de l'inexécution ou de la violation des conditions. Le droit de prononcer la suppression des établissements dérive du pouvoir que l'on a d'autoriser leur formation. L'application de cette peine dépend des préfets pour les industries des deux premières classes et des sous-préfets pour celles de la troisième classe.

Les arrêtés prononçant la suppression sont susceptibles des mêmes recours que les actes d'autorisation.

La suppression motivée par des inconvénients graves pour la salubrité publique, la culture ou l'intérêt général, ne donne pas lieu au payement d'une indemnité au profit de l'usinier. On veut simplement éviter un danger à la société. Il n'est pas permis d'user de sa propriété en nuisant à autrui. L'article 12 du décret du 15 octobre 1810 confie au chef du Gouvernement, le conseil d'État entendu, le droit de prononcer la suppression des établissements, pour cause d'inconvénients graves.

La suppression ne doit être prononcée que s'il y a un parti pris de l'usinier de se mettre en contravention avec les règlements.

Le plus souvent, la suspension sera suffisante.

Un maire peut ordonner la clôture ou la suspension d'un atelier classé, qui serait ouvert ou exploité sans une autorisation valable. Cependant l'autorité municipale n'a pas pouvoir pour apprécier l'existence même des industries.

Action de l'autorité judiciaire au sujet de contraventions ou de dommages causés aux tiers

Il y a contravention aux règlements de 1810 et de 1815 dans les cas suivants:

1° Au cas de formation d'un établissement compris dans la nomenclature des industries dangereuses, incommodes ou insalubres, si on n'a pas obtenu d'autorisation.

2° Au cas de reprise des travaux sans une nouvelle autorisation après une interruption volontaire de l'exploitation durant six mois.

3° Au cas de continuation de l'exploitation, quand le bénéfice de la situation légale antérieure a été perdu à raison de la transformation de l'établissement.

4° Au cas d'exploitation en dehors des conditions de l'autorisation.

Ce sont là les cas principaux, mais il en existe quelques autres.

Les contraventions aux règlements tombent sous le coup de l'article 471, § 5 du Code pénal : « Sont punis d'amende, depuis 1 franc jusqu'à 5 francs inclusivement, ceux qui auraient contrevenu aux règlements légalement faits par l'autorité administrative et ceux qui ne se seront pas conformés aux règlements ou arrêtés publiés par l'autorité municipale, en vertu des articles 3 et 4, titre 2, de la loi du 16-24 août 1790, et de l'article 46, titre 1er, de la loi du 19-22 juillet 1791. »

Ces contraventions peuvent être dénoncées par les autorités administratives chargées de la police municipale et générale, par les particuliers qui souffrent de l'exploitation de l'établissement. Le ministère public peut aussi les dénoncer.

Les tribunaux de simple police sont compétents.

Toutes les fois qu'il se produit une contravention, le ministère public peut procéder à une nouvelle poursuite.

Au cas de récidive, l'article 474 du Code pénal déclare que : « La peine d'emprisonnement contre toutes les personnes mentionnées dans l'article 471 aura toujours lieu au cas de récidive, pendant trois jours au plus. »

Les propriétaires voisins de l'établissement peuvent quelquefois invoquer les articles 1382 et 1383 du Code civil.

L'action en réparation ne commence qu'au moment où les inconvénients résultant de l'exploitation d'un fonds excèdent les obligations ordinaires de voisinage. Les juges des tribunaux de première instance sont compétents pour statuer sur l'action en réparation. Mais, s'il s'agit de dommages causés non à la propriété, mais aux fruits et récoltes des champs, la compétence exclusive appartient aux juges de paix (art. 4, loi du 25 mai 1836).

Règles particulières sur la formation et l'exploitation de certains Établissements dangereux, incommodes ou insalubres

Nous venons d'indiquer les règles communes à tous les établissements dangereux, incommodes ou insalubres. Il existe des règles qui ne s'appliquent qu'à certains établissements spéciaux.

Ces règles sont de deux sortes; les unes, obligatoires pour toute la France, sont renfermées dans des ordonnances royales et dans des décrets impériaux; d'autres n'ont trait qu'aux établissements situés dans certains départements ou même dans certaines localités.

Tels sont les arrêtés des préfets et des maires; tels sont encore les usages locaux dont parle l'article 674 du Code civil.

Les préfets prennent des arrêtés qui fixent *a priori* des conditions déterminées pour certains établissements à former.

La seule portée de ces arrêtés, c'est de manifester la manière de voir et de procéder dont leurs auteurs prétendent user dans l'instruction des demandes qui viendraient à leur être adressées.

Il n'y a là qu'un avis auquel les demandeurs doivent se conformer s'ils veulent voir leur projet favorablement accueilli par les préfets.

L'article 674 du Code civil dit : « Celui qui fait creuser un puits ou une fosse d'aisance près d'un mur, mitoyen ou non; celui qui veut y construire cheminée ou âtre, forge, four ou fourneau, y adosser une étable ou établir contre ce mur un magasin de sel ou amas de matières corrosives, est obligé à laisser la distance prescrite par les règlements et usages particuliers sur ces objets, ou à faire les ouvrages prescrits par les mêmes règlements et usages pour éviter de nuire aux voisins. »

Les établissements dangereux, incommodes ou insalubres

pour lesquels existent des règles spéciales sont nombreux; nous n'examinerons que les principaux.

ABATTOIRS PUBLICS

L'établissement dans une commune d'un abattoir public supprime les tueries particulières. Il ne peut être autorisé que par un règlement d'administration publique.

BOYAUDERIES ET FABRIQUES DE CORDES A INSTRUMENTS

Leur établissement est réglé par l'ordonnance de police du 14 avril 1819.

CHANTIERS DE BOIS A BRULER

Ces établissements ne sont classés que lorsqu'ils sont situés dans les villes. Les conditions de sûreté et de salubrité sont contenues dans l'ordonnance du 1er septembre 1834.

FOURS, FOURNEAUX, FORGES ET AUTRES USINES A FEU

La plupart des usines à feu servant au traitement des matières minérales sont classées sous des dénominations génériques. Dans l'instruction qui suit les demandes en autorisation d'une usine à feu, les agents forestiers résidant sur les lieux doivent être consultés. Certaines usines à feu ne sont pas classées. Des règlements locaux ont pour but de prévenir les incendies.

Des usages locaux fixent la distance à laquelle doivent être établis les fours, fourneaux, forges que l'on veut construire près des murs.

CHAPITRE II

ÉTABLISSEMENTS EMPLOYANT DES MACHINES CHAUDIÈRES ET AUTRES RÉCIPIENTS A VAPEUR COMME FORCE MOTRICE

Ces établissements sont régis par la loi du 21 juillet 1856, par le décret du 1er mai 1880 et par le décret du 29 juin 1886.

L'usage des machines et des chaudières à vapeur a pris une extension considérable. Leur emploi offre de grands dangers pour la sûreté et la sécurité publiques. De là la nécessité d'une réglementation minutieuse pour la fabrication et l'emploi de ces appareils. Leur emploi dans un atelier suffit pour faire ranger cet atelier dans la classe des établissements dangereux, incommodes ou insalubres.

Le décret du 1er mai 1880 réglemente les appareils à vapeur autres que ceux qui sont placés à bord des bateaux. Toute chaudière à vapeur destinée à être employée à demeure ne peut être mise en service qu'après une déclaration adressée, par celui qui fait usage du générateur, au préfet du département. Le préfet de police est compétent dans toute l'étendue de son ressort ; cette déclaration doit être faite sur papier timbré de 0,60. En voici le modèle :

Monsieur le préfet de ...

« J'ai l'honneur de vous informer que je viens de mettre en fonctionnement dans mon usine sise (*rue, n°*), un générateur de vapeur (*système et numéro d'ordre s'il fonctionne, numéro distinctif du générateur si l'établissement en possède plusieurs ; sa destination*). Cet appareil sort des ateliers de (*nom et domicile du vendeur*) et se trouve dans les conditions suivantes :

1° *Surface de chauffe*; 2° *Capacité*; 3° *Pression en kilos*;

« Agréez, Monsieur, etc. »

Le préfet enregistre cette déclaration à sa date, et en donne acte. Il la communique immédiatement à l'ingénieur en chef des mines.

Les chaudières comprennent trois catégories. Chacune d'elles est établie de la façon suivante : elle repose sur le produit de la multiplication du nombre exprimant en mètres cubes la capacité totale de la chaudière (avec ses bouilleurs et ses réchauffeurs alimentaires, mais sans les surchauffeurs de vapeur) par le nombre exprimant, en degrés centigrades, l'excès de la température de l'eau correspondant à la pression indiquée par le timbre réglementaire, sur la température de 100 degrés (art. 14, décret 1880).

Une table annexée au décret donne la température en degrés centigrades de l'eau correspondant à une pression donnée en kilogrammes effectifs. Si plusieurs chaudières fonctionnent ensemble dans un même emplacement, et si elles ont entre elles une communication quelconque, on prend pour former le produit la somme des capacités de ces chaudières.

Si le produit dépasse 200, les chaudières sont de la première catégorie. S'il n'excède pas 200, mais surpasse 50, elles sont de la deuxième catégorie ; enfin, si le produit n'excède pas 50, elles sont de la troisième catégorie.

Il est ordonné d'établir les chaudières de la première catégorie en dehors de toute maison d'habitation et de tout atelier surmonté d'étages. Toutefois, on ne regarde pas comme un étage au-dessus de l'emplacement d'une chaudière une construction dans laquelle on n'effectue aucun travail nécessitant la présence d'un personnel à poste fixe. En aucun cas, une chaudière de la première catégorie ne peut être placée à moins de 3 mètres d'une maison d'habitation. Si elle est placée à moins de 10 mètres d'une maison d'habitation, un mur de défense doit l'en séparer. Ce mur doit être solidement construit, de manière à défiler la maison par rapport à tout point de la chaudière distant de moins de 10 mètres. Sa hauteur ne dépasse pas de 1 mètre le sommet de la chaudière. Son épaisseur est égale au tiers au moins de sa hauteur; elle n'est jamais inférieure à 1 mètre en couronne. Ce mur ne peut être construit qu'à 30 centimètres au moins de la maison voisine.

Aucune condition n'est prescrite pour établir une chaudière de la première catégorie à une distance de plus de 10 mètres d'une maison d'habitation.

Si la chaudière est enterrée de façon que la partie supérieure se trouve à 1 mètre en contre-bas du sol du côté de la maison voisine, les distances de 3 mètres et de 10 mètres sont respectivement réduites à 1^{m},50 et à 5 mètres.

Pour les chaudières de la deuxième catégorie, elles peuvent être placées dans l'intérieur de tout atelier. On exige toutefois que l'atelier ne fasse pas partie d'une maison d'habitation. Une distance de 1 mètre au moins doit séparer les foyers des murs des maisons voisines.

Les chaudières de la troisième catégorie peuvent être placées dans tout atelier, même s'il fait partie d'une maison d'habitation. La distance qui sépare les foyers des murs des maisons voisines doit être au moins égale à 0^{m},50.

Au cas de construction d'une maison d'habitation sur un terrain contigu, après établissement d'une chaudière, il faudra se conformer aux prescriptions indiquées, comme si la maison avait été construite avant l'établissement de la chaudière.

Préalablement à toute mise en fonction, la chaudière doit subir une épreuve réglementaire. Le constructeur est tenu de la provoquer. Si la chaudière arrive de l'étranger, elle doit être éprouvée sur le point du territoire français où elle doit être installée. Une nouvelle épreuve peut être exigée dans plusieurs cas : d'abord si elle est l'objet d'une nouvelle installation ; puis lorsqu'elle subit une importante réparation ; enfin, lorsqu'elle a chômé pendant un certain temps.

Des renseignements authentiques sur l'époque et les résultats de la dernière visite pourront quelquefois dispenser de la nouvelle épreuve.

Si l'ingénieur des mines a des doutes sur la solidité de la chaudière, il peut exiger le renouvellement de l'épreuve. L'intervalle entre deux épreuves consécutives ne doit jamais être supérieur à 10 ans.

Les conditions d'épreuve sont nettement établies par le décret de 1880.

La chaudière à éprouver est soumise à une pression hydraulique supérieure à la pression effective. Cette dernière ne doit jamais être dépassée dans le service. La surcharge d'épreuve par centimètre carré égale la pression effective. Elle n'est jamais inférieure à un demi-kilogramme, ni supérieure à 6 kilogrammes.

L'ingénieur des mines dirige les opérations d'épreuve. En cas d'empêchement, le contrôleur des mines le remplace.

Après l'épreuve, on appose sur la chaudière un timbre qui indique, en kilogrammes, par centimètre carré, la pression effective que la vapeur ne doit pas dépasser. Les timbres sont poinçonnés et indiquent le jour, le mois et l'année de l'épreuve. Chaque chaudière est munie de deux ou d'un plus grand nombre de soupapes de sûreté. Elle possède également un manomètre et un ajutage terminé par une bride. Elle renferme, en outre, un appareil de retenue automatique. La paroi en contact par une de ses faces avec la flamme doit être baignée par l'eau sur sa face opposée.

Ces prescriptions ne sont pas applicables ni aux surchauffeurs de vapeur distincts de la chaudière, ni aux surfaces peu étendues qui ne peuvent jamais rougir.

Le décret de 1880 examine successivement différentes espèces de chaudières.

Chaudières locomobiles

Ce sont celles qui sont facilement transportables et qui sont employées temporairement à chaque station.

Toutes les mesures relatives aux chaudières placées à demeure que nous avons précédemment indiquées leur sont applicables : épreuve, renouvellement d'épreuve, timbres, soupapes, manomètres, etc.

La déclaration de fonctionnement à faire est identique. Toute chaudière locomobile porte le nom et le domicile du propriétaire, et un numéro d'ordre, si ce propriétaire en possède plusieurs. L'ouvrier qui conduit la chaudière locomobile peut avoir à représenter à toute réquisition le récépissé de la déclaration faite au préfet.

Chaudières et machines locomotives

Ce sont celles qui travaillent en se déplaçant par leur propre force. Déclaration identique exigée. Mêmes conditions d'épreuve que pour les chaudières placées à demeure. Elles doivent être munies d'un timbre, de deux ou plusieurs soupapes de sûreté, d'un manomètre, d'un appareil de retenue, de deux appareils indiquant le niveau d'eau. Le nom et le domicile du propriétaire doivent être inscrits sur toute chaudière de machine locomotive.

Récipients

Les récipients d'une capacité supérieure à 100 litres sont soumis à certaines prescriptions : déclaration au préfet, nécessité d'une certaine épreuve dans les conditions indiquées. Toutefois, la surcharge d'épreuve sera, dans tous les cas, égale à la moitié de la pression maximum à laquelle l'appareil doit fonctionner, sans que cette surcharge puisse excéder 4 kilogrammes par centimètre carré.

Des dispenses de tout ou partie des prescriptions peuvent être accordées par le ministère, sur le rapport des ingénieurs des mines, l'avis du préfet et celui de la commission centrale des machines à vapeur.

C'est à ceux qui se servent des générateurs de vapeur de veiller à leur entretien.

S'il se produit des accidents qui occasionnent la mort ou des blessures, le chef de l'établissement est tenu de prévenir sans délai l'autorité chargée de la police locale et l'ingénieur des mines chargé de la surveillance. L'ingénieur visite les appareils ; il en constate l'état et recherche les causes de l'accident. Il fait un rapport qu'il adresse au procureur de la République. Une expédition est envoyée à l'ingénieur en chef qui donne son avis au magistrat. L'ingénieur en chef fait parvenir un autre rapport au préfet, en même temps qu'il lui donne son avis.

Si l'accident n'a occasionné ni mort ni blessures, l'ingénieur des mines est seul prévenu. Il rédige un rapport qu'il envoie au préfet par l'intermédiaire et avec l'avis de l'ingénieur en chef.

En cas d'explosion, les lieux doivent rester tels qu'ils se trouvent pour permettre une constatation.

Contraventions

La loi du 21 juillet 1856 est relative aux contraventions aux règlements sur les appareils à vapeur. Elle parle des appareils à vapeur placés sur des bateaux. Nous ne nous en occuperons pas; nous examinerons seulement ce qui concerne les appareils à vapeur placés ailleurs que sur les bateaux.

Tout fabricant qui livre une chaudière à vapeur sans qu'elle ait subi les épreuves exigées encourt une amende de 100 à 1.000 francs. Même amende pour le fabricant qui a réparé une chaudière et l'a rendue à son propriétaire sans lui faire subir un renouvellement d'épreuve. Amende de 25 à 200 francs pour le fabricant qui a livré une pièce quelconque destinée à contenir de la vapeur sans que cette pièce ait été soumise aux épreuves.

Si la chaudière à vapeur ne porte pas les timbres constatant les épreuves et les vérifications, celui qui en fait usage est passible d'une amende de 25 à 500 francs. Même peine pour celui qui fait effectuer des réparations sans en avoir avisé le préfet.

Celui qui use d'un appareil à vapeur sans avoir obtenu l'autorisation nécessaire est puni d'une amende de 25 à 500 francs.

Si l'appareil ne porte pas les timbres exigés, l'amende est de 100 à 1.000 francs.

Toutefois, si l'administration n'a pas statué sur l'autorisation demandée dans un certain délai, l'amende n'est point encourue. Le délai est de deux mois pour les appareils à placer dans l'intérieur des établissements et de trois mois pour les appareils à placer en dehors.

Une amende de 100 à 2.000 francs est encourue par celui qui continue à faire usage d'un appareil à vapeur quand l'autorisation a été retirée ou suspendue. Il peut de plus, dans ce cas, être condamné à un emprisonnement de 3 jours à 1 mois.

Celui qui se sert d'un appareil à vapeur sans s'être conformé aux prescriptions imposées, bien qu'il soit muni d'une autorisation, est puni d'une amende de 25 à 200 francs. Il en est ainsi lorsque les chaudières manquent des appareils de sûreté ou lorsque les règles établies pour l'emplacement de la chaudière n'ont pas été observées.

Le chauffeur ou mécanicien est tenu de ne pas faire fonctionner la machine ou la chaudière à une pression supérieure au degré fixé dans l'acte d'autorisation. Il lui est interdit de surcharger les soupapes d'une chaudière, de fausser ou de paralyser les autres appareils de sûreté. En cas de contravention, il est puni d'une amende de 25 à 500 francs. Il peut, en outre, encourir un emprisonnement de 3 jours à 1 mois.

Le propriétaire, le chef de l'entreprise, le directeur, le gérant est puni en même temps d'une amende de 100 à 2.000 francs.

Il peut même être condamné à un emprisonnement de 6 jours à 2 mois.

Un décret du 29 juillet 1886 est venu réglementer les générateurs à vapeur placés à demeure, lorsqu'ils sont groupés sous une conduite générale de vapeur en nombre tel que le produit, formé comme l'indique l'article 14 du décret de 1880, dépasse 1.800.

Il établit les précautions à prendre pour éviter les explosions. Il suffira de s'y reporter.

CHAPITRE III

DES ÉTABLISSEMENTS HYDRAULIQUES

Nous envisagerons ces établissements industriels uniquement au point de vue hydraulique, et nous examinerons les règles qui leur sont applicables par suite de l'emploi des eaux. Elles dépendent de la nature légale des eaux employées. Il est donc utile d'exposer rapidement la législation générale qui régit les eaux.

Une source, une fontaine, appartiennent au propriétaire du sol sur lequel elles se trouvent. Mais si la source franchit les limites du fonds où elle est née, si elle obéit aux sollicitations de la pente, elle devient cours d'eau. Les règles qui lui sont applicables changent. Le riverain a le droit d'user de tous les avantages que les eaux offrent à leur passage; ce droit d'usage est réglementé.

On distingue les eaux privées et les eaux publiques. Les premières sont nées et contenues dans un fonds de terre. Elles peuvent être l'objet d'une appropriation particulière. Les secondes comprennent les cours d'eau non navigables ni flottables et les cours d'eau navigables et flottables.

Nous ne nous occuperons pas des établissements industriels que l'on peut former sur des sources. Nous examinerons les cas plus fréquents des établissements industriels formés sur les cours d'eau non navigables ni flottables, et de ceux formés su les cours d'eau navigables et flottables.

Etablissements industriels sur cours d'eau non navigables ni flottables

Détermination des eaux qui rentrent dans la classe de ces cours d'eau

Les cours d'eau non navigables ni flottables n'appartiennent à personne. Ils comprennent les cours d'eau qui échappent à l'appropriation privée et à l'appropriation de l'État. La largeur et la profondeur du lit sont des circonstances indifférentes. Pour échapper au pouvoir de l'État, il faut que l'eau soit impropre à la navigation et au flottage. Encore faut-il qu'il s'agisse du flottage par trains et radeaux et non du flottage à bûches perdues.

Droits des riverains, droits de l'Administration sur les cours d'eau non navigables ni flottables

Les riverains possèdent simplement l'usage d'une chose commune. L'administration a le pouvoir de réglementer l'usage de ces cours d'eau.

Pour avoir droit à l'usage des eaux, il faut posséder un fonds traversé ou bordé par un cours d'eau. Si les fonds sont bordés par le cours d'eau, les riverains ne peuvent se servir de l'eau qu'à son passage. Si l'eau traverse le fonds, le propriétaire peut en disposer à son gré.

Le riverain dont le fonds borde un cours d'eau peut y établir une usine en obtenant l'autorisation réglementaire. Il le pourra encore quand il aura acquis par titres ou par prescription le droit d'usage du riverain situé en face de lui.

Les eaux dont on a fait usage doivent être rendues à leur cours ordinaire à la sortie du fonds.

La jouissance des eaux par les riverains peut être l'objet de conventions. Les usiniers peuvent régler entre eux le volume et la distribution des eaux, fixer des heures pour les employer successivement, etc.

Des dérivations telles qu'étangs, canaux d'amenée et de fuite, biefs et arrière-biefs d'usines, peuvent être établies.

L'eau publique dérivée doit être rendue à la sortie du fonds à son cours naturel. Cette règle est vraie et surtout lorsque la dérivation sert à l'usage de différents propriétaires, et procure le mouvement à plusieurs usines. L'eau détournée reste une chose commune dont l'administration a toujours le droit de régler l'usage.

A part ce droit de l'administration, sur les cours d'eau non navigables ni flottables, le propriétaire du lit de l'étang ou du canal de dérivation est maître chez lui.

Pour savoir qui est propriétaire des biefs ou canaux de dérivation, il est nécessaire d'examiner le caractère du bief ou du canal litigieux. Il faut voir s'il s'agit d'un cours d'eau naturel ou artificiel. Il faut examiner les titres ou les circonstances de fait et de lieu; on reconnaîtra le plus souvent l'œuvre de l'homme par la largeur et la profondeur uniformes, par des alignements rectilignes, par de la terre placée sur les bords en forme de talus.

Si le bief ne résulte pas d'un travail artificiel, il n'est pas la propriété du maître de l'usine. Mais si le bief a été creusé de main d'homme, il faut encore déterminer si le maître de l'usine s'en sert à un titre qui puisse l'autoriser à en interdire l'usage aux riverains ; ceci se présente quand l'usinier jouit du bief du canal comme propriétaire et quand il a sur le cours d'eau un droit de servitude ayant pour objet l'alimentation de son usine, tandis que la propriété appartient aux riverains ; c'est uniquement dans les titres ou dans les faits de possession légale qu'il faut chercher la nature du droit de l'usinier sur le bief ou le canal.

Les règles sont les mêmes pour la propriété des francs bords des canaux d'amenée.

Le droit du propriétaire de l'usine sur les eaux alimentaires contenues dans les canaux et biefs l'autorise à y faire tous les travaux nécessaires pour empêcher la perte et la filtration des eaux. Il peut déposer sur les rives le produit des curages et les vases qui en proviennent.

On admet qu'un propriétaire qui a acquis par prescription un droit de prise d'eau et une servitude d'aqueduc peut changer la destination des eaux dans son fonds, et s'en servir pour alimenter une usine.

Endiguement, conservation, curage des cours d'eau non navigables ni flottables

Au cas de construction des digues à la mer ou contre les fleuves non navigables ou navigables, la nécessité sera constatée par le gouvernement et la dépense supportée par les propriétés protégées en proportion de leur intérêt aux travaux, sauf le cas où le gouvernement croirait utile d'accorder des secours sur les fonds publics (art. 33, loi du 16 septembre 1807).

En dehors des travaux collectifs d'endiguement, et là où l'administration ne juge pas utile de les entreprendre, les propriétaires riverains ont le droit d'exécuter, sur les bords des cours d'eau, des digues, des fascinages et des pilotis.

Le riverain est tenu de respecter les droits de ses co-riverains.

Les préfets sont compétents pour statuer sur les cours d'eau non navigables ni flottables, en tout ce qui concerne leur élargissement et leur curage (décret 25 mars 1852).

Le curage a pour but de rétablir ou de maintenir le libre cours des eaux. Il doit être effectué à vif fond et à franc bord; autrement dit à vieux fond et à vieux bords.

Le préfet peut ordonner la restitution au lit des cours d'eau de tous les terrains compris dans leur largeur normale. Mais le préfet ne serait pas compétent s'il était nécessaire de s'emparer contre le gré des propriétaires d'une portion des terrains riverains. L'administration devrait recourir à l'expropriation pour cause d'utilité publique.

Le préfet peut aussi ordonner le recépage des arbres et buissons, la réparation des berges.

Les frais occasionnés par le curage et l'entretien des ouvrages sont supportés par les riverains dans la mesure de leur intérêt ; cet intérêt s'apprécie par la situation de l'usine sur le cours d'eau et non d'après la valeur locative de l'établissement.

Les conseils de préfecture connaissent des contestations auxquelles peut donner lieu le curage, ils décident par exemple si le riverain doit procéder au curage en amont ou en aval de sa propriété. Le conseil de préfecture est encore compétent pour statuer sur les indemnités réclamées à raison des dommages que le curage cause aux propriétés riveraines.

Nous venons d'établir les règles qui concernent les travaux ordonnés par l'administration. Quelles sont celles applicables au cas où le curage est réclamé par un ou plusieurs riverains?

Chaque riverain ou usinier peut faire opérer le curage le long de ses propriétés, pourvu qu'il n'entrave pas le libre cours des eaux et n'empiète pas sur le terrain d'autrui. Le riverain peut même faire effectuer les travaux de curage au delà de sa propriété. Les frais sont à sa charge.

Les produits du curage appartiennent à celui aux *frais de qui est effectuée l'opération.*

Contraventions

La personne qui établit une usine ou une prise d'eau sur une rivière ou un ruisseau non navigable ni flottable sans en avoir obtenu la permission ne s'expose à aucune poursuite devant les juges de police ni à une répression personnelle. Elle court seulement le risque de voir son entreprise supprimée comme empêchant le libre cours des eaux.

Pour que l'établissement de l'usine ou de la prise d'eau constituât une contravention, il faudrait que le cours d'eau sur lequel elle se trouve eût été l'objet d'un règlement d'eau spécial, porté par l'autorité compétente et prohibant expressément toute construction dans les limites du lit des eaux. La peine serait une amende de 1 franc à 5 francs.

La loi du 6 octobre 1791 et l'article 15 du Code pénal punissent d'amende, et même de prison, les propriétaires d'usines qui, par la trop grande élévation des eaux, inondent les propriétés riveraines.

La poursuite des délais ou contraventions commis sur les cours d'eau non navigables ni flottables est portée devant les tribunaux de police municipale ou correctionnelle.

Etablissements industriels sur cours d'eau navigables et flottables.

Les fleuves et rivières navigables et flottables font partie du domaine de l'État et sont inaliénables.

Les cours d'eau ne sont domaniaux qu'à partir du point où ils sont navigables et flottables.

Seule une navigation réelle et sérieuse est l'indice de la navigabilité. Le flottage doit aussi avoir un caractère sérieux, il doit s'opérer par trains ou radeaux.

Un chemin de 24 pieds est exigé par une ordonnance de 1669 sur la rive où se fait le halage. L'autre rive est assujettie à un chemin de 10 pieds; c'est le chemin de contre-halage.

Endiguement, conservation, curage des cours d'eau navigables et flottables

Défense est faite aux riverains de construire des prises d'eau, de changer le cours, sous peine d'une amende et de la démolition des ouvrages.

L'amélioration des voies navigables et flottables, les travaux de canalisation, endiguements, fascinages, sont exécutés comme en matière de travaux d'utilité publique, et la charge est supportée par l'État; les travaux d'endiguage sont payés par les particuliers intéressés à leur exécution.

Le curage est en principe à la charge de l'État; cependant les usiniers peuvent être astreints à contribuer au curage en proportion des ensablements que produisent leurs ouvrages.

Des contraventions en matière de cours d'eau navigables et flottables

Les contraventions sont constatées par les maires ou adjoints, par les ingénieurs des ponts et chaussées, par leurs conducteurs, par les agents de la navigation, par les commissaires de police, par la gendarmerie, par les gardes champêtres, par les cantonniers en chef.

Les procès-verbaux sont adressés au sous-préfet, qui ordonne par provision, sauf recours au préfet, les mesures propres à faire cesser le dommage.

Les conseils de préfecture prononcent sur les contraventions. Le recours contre leurs décisions est porté devant le conseil d'État jugeant au contentieux.

Des excuses justifiées peuvent servir à faire modérer l'amende.

Les amendes fixes pourront être modérées, eu égard au degré d'importance ou aux circonstances atténuantes des délits, jusqu'au vingtième desdites amendes, sans toutefois que ce minimum puisse être inférieur à 16 francs. Les amendes dont le taux était laissé à l'arbitraire du juge pourront varier entre un minimum de 16 francs et un maximum de 300 francs.

Outre l'amende, la pénalité consiste encore dans la démolition de l'usine ou des ouvrages.

Des concessions d'eau et des autorisations d'usines hydrauliques

Les usines établies sur cours d'eau n'ont d'existence légale que si la construction ou l'exploitation en a été permise par l'autorité compétente.

Le préfet est investi de la plénitude du pouvoir réglementaire sur les cours d'eau non navigables ni flottables (décret du 25 mars 1852). Il a le droit d'autoriser les établissements à créer, et de régulariser les établissements existants.

L'autorisation administrative est nécessaire lorsqu'on fait subir aux établissements un changement tel que le régime du cours d'eau alimentaire est modifié.

L'autorisation administrative n'est pas nécessaire pour l'établissement d'une usine sur les eaux du domaine privé. Il n'y a exception que pour le cas de construction d'usines sur les canaux généraux de desséchement.

La demande est adressée au préfet en double expédition, dont une sur papier timbré.

MODÈLE DE LA DEMANDE

Monsieur le Préfet de ...

« J'ai l'honneur de vous informer de mon intention de créer une usine sur (*nom du cours d'eau*), dans la commune de (*nom des établissements hydrauliques placés en amont et en aval*). Je la destine à tel usage et l'exécution des travaux apportera des changements (*les indiquer*) au niveau des eaux. Les travaux auront une durée de (*l'indiquer*).

Agréez, Monsieur, etc.

Le demande devra être accompagnée d'un certificat du maire de la localité, ou d'un titre authentique constatant que le pétitionnaire est propriétaire de la rive sur laquelle doivent être effectuées les constructions.

Le préfet examine si la pétition satisfait à toutes les conditions et s'il peut la soumettre aux enquêtes. Il prend un arrêté par lequel il ordonne le dépôt de la pétition à la mairie de la commune où les travaux doivent être exécutés. Il fixe l'ouverture de l'enquête de 20 jours.

L'arrêté est affiché par le maire. Les particuliers intéressés sont admis à présenter leurs observations. L'administration est autorisée à regarder leur silence comme un acquiescement.

Le délai de l'enquête écoulé, le maire de la commune dresse le procès-verbal de l'apposition des affiches.

Il y joint les oppositions déposées à la mairie, ses propres observations, et l'avis du conseil municipal. Il transmet le tout au sous-préfet; celui-ci donne son avis et envoie le dossier au préfet.

Puis le préfet envoie les pièces à l'ingénieur en chef; ce dernier les renvoie à l'ingénieur ordinaire chargé du service des usines dans l'arrondissement, pour qu'il procède à la visite des lieux et à l'instruction de l'affaire. L'ingénieur ordinaire prévient le pétitionnaire et le maire. Il procède à la visite en présence des maires et des intéressés. Il dresse les plans et nivellements nécessaires à l'instruction de l'affaire.

S'il s'agit d'une concession sur un cours d'eau navigable et flottable qui donne lieu au payement d'une redevance, les propositions faites sur la quotité de cette redevance sont communiquées au directeur des domaines.

Oppositions

D'abord les oppositions peuvent être fondées sur des droits.

Quand l'administration se trouve en présence d'oppositions basées sur des droits de propriété, de servitude ou d'usage, elle surseoit en général à l'instruction de la demande en autorisation jusqu'à ce que la contestation civile ait été tranchée.

Le sursis n'est pas de rigueur, surtout quand l'opposition n'est pas sérieuse.

Malgré l'autorisation administrative, le tiers opposant peut faire cesser les travaux ou faire disparaître l'entreprise.

Pour les oppositions fondées sur ce que les travaux projetés seraient une menace permanente d'inondation pour les fonds voisins, elles tombent toutes sous le coup de l'appréciation de l'administration. En effet, ce sont des oppositions basées sur la convenance et l'utilité de l'entreprise, ou sur des considérations de salubrité ou de sûreté générales ou particulières.

Décision sur la demande

Lorsque le projet d'établissement a rapport aux eaux navigables et flottables, le préfet, après l'instruction, prend un arrêté qui prononce l'admission ou le rejet de la demande.

En cas de rejet, l'arrêté motivé est notifié au pétitionnaire, qui peut recourir devant le ministre.

Si l'arrêté prononce l'admission, il peut être soumis au conseil d'État, sauf s'il s'applique aux établissements qui n'ont qu'un caractère accidentel et temporaire. Il est statué, après avis du conseil d'État, par un décret du chef du Gouvernement.

En ce qui concerne les établissements sur cours d'eau non navigables ni flottables, les décisions des préfets sont définitives.

Des actes administratifs en matière d'autorisation d'établissements hydrauliques

Il existe des conditions de l'autorisation. Les unes sont générales, les autres particulières ; les conditions générales sont celles qui se présentent dans tous les actes d'autorisation.

Il doit être placé près de l'usine, en un point désigné par l'ingénieur, un repère définitif et invariable du modèle adopté dans le département ; ce repère, dont le zéro indique seul le niveau légal de la retenue, doit toujours rester accessible aux fonctionnaires publics, ou aux particuliers qui ont intérêt à vérifier la hauteur des eaux.

Dès que les eaux dépassent le niveau de la retenue, le permissionnaire doit lever ses vannes de décharge.

Les droits des tiers sont réservés.

Le permissionnaire doit se conformer à tous les règlements existants ou futurs sur la police, le mode de distribution et le partage des eaux.

Les travaux prescrits doivent être exécutés sous la surveillance des ingénieurs, et terminés dans un délai fixé.

A l'expiration de ce délai, l'ingénieur doit rédiger un procès-verbal de récolement aux frais du permissionnaire.

Lorsque l'autorisation concerne des eaux domaniales, elle n'est accordée que moyennant une redevance déterminée ; ce payement s'effectue à la caisse du directeur des domaines ou des contributions indirectes.

Le chiffre de la redevance est révisé tous les trente ans.

Clause résolutoire

Dans les autorisations relatives aux eaux domaniales, il existe une clause résolutoire. Elle est ainsi conçue :

« Si, à quelque époque que ce soit, dans l'intérêt de la navigation, de l'agriculture, du commerce, de l'industrie ou de la salubrité publique, l'administration reconnaît nécessaire de prendre des dispositions qui privent le concessionnaire, d'une manière temporaire ou définitive, de tout ou partie des avantages à lui concédés, le concessionnaire n'aura droit à aucune indemnité, et pourra seulement réclamer la remise de tout ou partie de la redevance qui lui est imposée. »

Dès qu'il s'agit des eaux domaniales, cette clause est de plein droit.

Cette clause peut être insérée dans les autorisations concernant les eaux non navigables et flottables. Mais il faut ici que la clause, pour produire son effet, soit inscrite dans l'acte d'autorisation. Elle est ainsi conçue :

« Le permissionnaire ne pourra prétendre à aucune indemnité ni dédommagement quelconque si, à quelque époque que ce soit, pour l'exécution de travaux dont l'utilité publique aura été constatée, l'administration reconnaît nécessaire de prendre des dispositions qui le privent, d'une manière temporaire ou définitive, de tout ou partie des avantages résultant de la présente permission, tous droits antérieurs réservés. »

Il n'y a que les autorisations d'usines, sur les cours d'eau non navigables et flottables, qui contiennent la clause générale suivante :

« Le permissionnaire sera tenu d'effectuer le curage à vif fond du bief de l'usine dans toute l'étendue du remous, toutes les fois que la nécessité s'en fera sentir ou qu'il en sera requis par l'autorité administrative, si mieux n'aiment les riverains opérer ce curage eux-mêmes et à leurs frais, sauf l'application des règlements locaux actuellement existants ou à intervenir. »

Outre ces conditions générales, il existe des conditions spéciales à chaque permission. Elles ont pour objet l'emplacement que doit occuper le déversoir, la longueur de ce déversoir, la hauteur et le dérasement de sa crête, soit en contre-bas du repère, soit suivant le plan de pente de l'eau retenue au niveau égal. Elles s'occupent aussi du vannage de décharge, des vannes, qui doivent manœuvrer facilement et pouvoir être levées au-dessus du niveau des plus hautes eaux.

D'autres conditions spéciales peuvent être motivées par l'état des lieux, par la nature du cours d'eau et du mécanisme hydraulique qu'il s'agit d'établir, par l'encaissement et la rapidité plus ou moins grande des eaux.

L'ingénieur ordinaire, dans son procès-verbal de récolement, rappelle les divers articles de l'acte d'autorisation et indique la manière dont il a été satisfait. Si les travaux exécutés sont conformes aux dispositions prescrites, l'ingénieur en propose la réception et transmet le procès-verbal de récolement à l'ingénieur en chef, qui le soumet, avec son avis, à l'approbation du préfet.

Une expédition de ce procès-verbal reste déposée à la mairie de la commune de laquelle dépend le lieu de l'installation.

Lorsque dans le délai fixé pour l'exécution des travaux, ou, s'il n'a été fixé aucun délai, après un terme suffisant, il n'a été donné aucune suite à l'autorisation ou concession obtenue, l'administration a la faculté de la regarder comme nulle.

Voies de recours employées par le pétitionnaire et par les tiers qui se prétendent lésés

Les recours sont dirigés, soit contre l'acte de l'administration, soit contre les effets qu'entraîne la mise à exécution de cet acte.

La nature de la décision exige que le recours soit adressé aux autorités administratives. Il y a la voie contentieuse au conseil d'État, et la voie purement administrative.

Les actes d'administration publique ne peuvent être attaqués par la voie contentieuse que pour contraventions aux lois et règlements de la matière; ceci se présente en cas de défaut de publicité de la demande, d'omission de la première enquête, du refus de recevoir les oppositions des tiers, d'incompétence de l'autorité qui aurait rendu la décision.

Le recours administratif de la part du pétitionnaire ou des tiers est possible, au contraire, dans tous les cas, soit par la voie d'appel, lorsqu'il s'agit de déférer au chef hiérarchique (ministre des travaux publics) un arrêté pris par le préfet, soit par la voie gracieuse, lorsqu'on demande la révision de la décision à l'autorité même dont elle émane.

Modifications et révocation des actes d'autorisation

L'administration, se basant sur les exigences de l'intérêt public, s'attribue le droit de modifier et de révoquer au besoin les autorisations existantes.

Les tiers intéressés peuvent provoquer la révision, le changement ou le retrait de l'autorisation.

L'intérêt de la salubrité et de la sûreté publiques se trouvent engagés lorsque les travaux autorisés, d'inoffensifs qu'ils étaient, viennent à produire des retenues d'eau insalubres, des inondations.

Dans l'exercice de son droit, l'administration ne serait empêchée ni par une possession immémoriale de l'état de choses qu'elle supprime, ni par l'origine du titre sur lequel cet état de choses repose.

Toutefois, l'administration ne doit user du pouvoir qui lui appartient que s'il y a nécessité pressante dans l'intérêt public.

CHAPITRE IV

TRANSMISSION DE LA PROPRIÉTÉ DES ÉTABLISSEMENTS

Le bail des établissements industriels est régi, sauf en un cas, pour les règles qui président au louage de tous les immeubles.

Le cas spécial est prévu par l'article 7747 du Code civil, dont voici le résumé :

Obligations du bailleur

Il est obligé : 1° *de délivrer au preneur la chose louée*; 2° *d'entretenir cette chose en bon état de service*; 3° *d'en faire jouir paisiblement le preneur pendant la durée du bail.*

Le bailleur est d'abord tenu de délivrer l'immeuble industriel donné à bail, avec les divers éléments dont il se compose; cette délivrance comprend le régime des eaux, la hauteur et la puissance des chutes. Le bailleur doit fournir la force motrice nécessaire à l'établissement. La mesure de la force à fournir doit être prise au point où le soin de la recueillir et de l'utiliser devient l'affaire personnelle du locataire.

Les approvisionnements en matières premières, minerais, marchandises, ne font pas nécessairement partie de la délivrance.

L'établissement doit en outre être délivré en bon état de réparations de toute espèce.

Les parties peuvent convenir que le bailleur délivrera l'immeuble industriel dans un état complètement neuf. Elles peuvent aussi convenir que le locataire prendra les choses dans l'état où elles se trouveront au moment du contrat, mais cette stipulation doit être expresse.

Lorsque l'usine est l'objet d'un bail à prisée, l'obligation de délivrer les choses en bon état de réparations subit de graves modifications.

Etat de lieux

C'est par une visite de l'établissement, faite par des experts ou des arbitres, au moment de l'entrée en jouissance du locataire, qu'on s'assure si le bailleur délivre la chose dans les termes de la convention, ou en bon état de réparations. Le procès-verbal de cette visite s'appelle état de lieux. Il doit présenter le détail et la description exacte, tant des lieux, constructions, bâtiments, que des machines, mécanismes, ustensiles d'exploitation et des pièces et accessoires de ces machines.

Le défaut de délivrance de la part du propriétaire peut, en matière du bail d'usine, entraîner la résiliation du contrat et, au besoin, des dommages-intérêts.

Entretien de l'Etablissement. — Obligations du locataire

Le bailleur est obligé d'entretenir l'établissement en état de servir à l'usage pour lequel il l'a loué.

Il est obligé de faire toutes les réparations autres que les réparations locatives. Il est même tenu des réparations locatives au cas de vétusté ou de force majeure.

La résiliation du bail peut être demandée au cas où les réparations sont de nature à empêcher la jouissance de l'usine. L'obligation pour le bailleur d'effectuer les réparations dont il est chargé cesse lorsque les dégradations proviennent de la faute du locataire.

Le preneur n'a droit à garantie qu'autant qu'il n'a pu ni prévoir, ni conjurer le fait de force majeure.

Il doit : 1° user de la chose louée en bon père de famille et suivant la destination fixée par le bail ou suivant celle donnée par les circonstances.

2° Payer le prix du bail aux termes convenus.

Le preneur doit rendre la chose telle qu'il l'a reçue. Il est tenu de faire les réparations locatives.

Bail à la prisée

La nature des pièces en bois, en métal, fer, cuivre, étain etc., dont se compose un matériel, un mécanisme, fait qu'elles s'usent et s'amincissent d'une façon insensible et souvent peu apparente. Si elles ne sont pas fréquemment susceptibles de réparations partielles, ces pièces peuvent être remplacées, mais non réparées. Il serait déraisonnable d'imposer au preneur le remplacement des pièces usées au quart, au tiers, ou à la moitié, alors qu'elles seraient encore susceptibles d'une durée et de services appréciables. De plus, le matériel industriel dépérit rapidement. On ne peut rendre responsable de ce dépérissement le locataire, sans conventions spéciales.

Il est d'un usage assez fréquent de faire, au moment de l'entrée en jouissance du locataire, un état estimatif de toutes les parties constitutives de l'installation hydraulique. C'est le bail à la prisée. Le locataire reste chargé de réparer ou de remplacer tout ce qui aura besoin de réparation ou de reconstruction, par une cause quelconque, pendant le temps de sa jouissance. Et, à la fin du bail, on fait une nouvelle estimation. S'il y a moins-value sur la première estimation, le locataire paie la différence. S'il y a plus-value, il en reçoit l'indemnité de la part du propriétaire.

L'usage du bail à la prisée fut d'abord spécial aux baux de moulins.

Dans beaucoup de localités l'usage veut qu'au moment où il entre en jouissance des objets estimés le locataire paie au fermier sortant le montant de l'estimation. Par contre, au moment où le locataire abandonne la jouissance desdits objets, il est remboursé par le fermier qui lui succède, ou, à son défaut, par le bailleur, de la somme payée à l'origine, et cela avec plus-value ou moins-value, suivant les résultats de la seconde estimation.

Dans d'autres localités, bien que les deux estimations soient d'usage, la première ne donne pas lieu de la part du locataire à un paiement de capital. Quelquefois, cependant, il paie les intérêts du montant de cette estimation. Les résultats de la jouissance du locataire se règlent après la seconde estimation. Mais ce n'est alors qu'au moyen de différences en plus ou en moins, suivant ce qui résulte de la comparaison entre les deux opérations.

Là où le fonds est délivré dans son état actuel, et sans que le bailleur soit, conformément à la règle générale, tenu de le mettre auparavant en bon état de réparations, c'est le premier mode qui est suivi. Le preneur paie la prisée qui lui est remise telle quelle. Là où le bailleur est tenu de délivrer le fonds de prisée en bon état de réparations, le preneur ne paie pas le montant de l'estimation, et cela tient à ce que, dans ces localités, le bailleur, bien qu'obligé à ces réparations, ne les exécute pas lui-même. Il est simplement débité, vis-à-vis du locataire, de ce qu'elles peuvent coûter, et c'est celui-ci qui en reste chargé.

C'est uniquement l'état des objets qu'il faut considérer au moment de la première estimation. Cet état, qui a fait la base de la première estimation, doit être la base de la seconde. Il ne faut jamais considérer le prix des objets composant le fonds de prisée.

Le fonds de prisée est complètement aux risques et périls du locataire. Les créanciers du locataire ne peuvent pas saisir le fonds de prisée.

CHAPITRE V

MOTEURS A VENT

Les moulins à vent qui sont situés à moins de 10 mètres d'une voie publique, comptés de l'arête extérieure du fossé, ne pourront être mis en mouvement que pendant certaines heures. Du 1er avril au 1er septembre, ils pourront être mis en mouvement de cinq heures du soir à sept heures du matin. Du 1er septembre au 1er avril, de trois heures du soir à neuf heures du matin.

Les prescriptions prises par les autorités départementales ont pour objet la situation respectivement trop rapprochée des moulins à vent et des voies publiques. Elles ont pour but la sûreté des routes et la sécurité des voyageurs, bien plus que la tranquillité du voisinage. La loi a confié aux préfets la police des grandes routes et des chemins vicinaux ; celle des voies rurales et urbaines appartient aux magistrats municipaux.

Celui qui construit un moulin à vent ne peut empêcher les voisins d'user librement de leurs fonds. Ils peuvent bâtir ou planter. S'il n'a pas établi son moulin à une distance suffisante des fonds voisins, il ne peut asservir tous les autres fonds pour lui procurer l'intervalle dont il a besoin.

Au cas de démolition, puis de reconstruction immédiate à

quelques mètres de distance et avec les mêmes matériaux, le paiement de l'impôt subsiste.

Si un moulin à vent vient à périr par les grands vents, faute par le fermier de l'avoir tourné au vent, celui-ci en est responsable.

CHAPITRE VI

INSTALLATIONS ÉLECTRIQUES

Ces installalions sont régies par le décret du 15 mai 1888.

Déclaration préalable à l'établissement des conducteurs électriques

Une déclaration doit être adressée deux mois à l'avance au préfet du département, ou au préfet de police dans le ressort de sa juridiction. Elle est enregistrée à sa date. Il en est donné récépissé; cette demande est communiquée sans délai au chef du service local des postes et télégraphes; celui-ci la transmet à l'administration centrale chargée d'assurer l'exécution du décret du 27 décembre 1851.

Le délai de deux mois peut être abrégé par le préfet, s'il y a urgence ou si l'installation est temporaire. Dans ces cas, il faut une proposition du chef de service des postes et télégraphes.

La déclaration préalable n'est pas nécessaire pour les installations faites à l'intérieur d'une même propriété si la force électromotrice des générateurs ne dépasse pas soixante volts, pour les courants alternatifs, et cinq cents volts pour les courants non alternatifs.

La déclaration adressée au préfet doit être accompagnée d'un projet détaillé de l'installation indiquant la nature du générateur d'électricité, le maximum de la différence de potentiel aux bornes de la machine, le maximum de l'intensité à distribuer dans chaque branche de circuit, la spécification des conducteurs employés et les précautions pour les isoler et les mettre hors de portée du public. Elle est aussi accompagnée d'un tracé de la ligne et, s'il y a lieu, d'un tracé détaillé de l'installation.

Au cas de modification d'une installation déclarée, il est besoin d'une nouvelle déclaration.

Le décret du 15 mai 1888 détermine d'une façon très claire et très complète les règles générales sur l'établissement et l'exploitation des conducteurs électriques. Il suffira de se reporter aux articles 4, 5, 6, 7, 8, 9, 10 et 11 dudit décret.

En ce qui touche la surveillance administrative des conducteurs électriques, elle regarde les ingénieurs et les agents des postes et télégraphes. Ils sont chargés, sous l'autorité des préfets, de la surveillance des conducteurs électriques.

Ils doivent s'assurer au moins une fois par an, et quelquefois plus souvent, sur l'ordre du préfet, si toutes les conditions de sûreté prescrites sont bien observées.

CHAPITRE VII

ASSURANCE CONTRE L'INCENDIE

Les usines à feu, même celles qui ne seraient pas comprises dans la nomenclature des établissements dangereux, insalubres ou incommodes, sont l'objet de règlements anciens et modernes, dont le but est de prévenir les incendies. En général, les propriétaires des établissements industriels les assurent à plusieurs compagnies d'assurances. Ils s'assurent en même temps contre les incendies des habitations voisines qui peuvent provenir de l'exploitation de leurs établissements.

CHAPITRE VIII

RÉGLEMENTATION ADMINISTRATIVE DU TRAVAIL

Après avoir examiné les conditions nécessaires à la construction des divers établissements industriels, nous arrivons naturellement à parler de la réglementation du travail. Cette question importante est régie par la loi du 2 novembre 1892. Elle est intitulée : *Loi sur le travail des enfants, des filles mineures et des femmes dans les établissements industriels.*

Le législateur a réglementé minutieusement le travail dans les établissements industriels pour un double motif. Il a voulu d'abord empêcher l'étiolement de l'enfance. Ensuite il a voulu que les enfants aillent à l'école jusqu'à l'âge de treize ans fixé par la loi du 28 mars 1882 ; jusqu'à ce moment, il est interdit de les employer dans les usines.

La loi de 1892 n'a réglementé que le travail industriel. Elle laisse de côté le travail commercial dans les magasins de vente. Elle n'a pas trait non plus au travail agricole et au travail de bureau. Depuis 1892, la réglementation s'applique à tous les travaux industriels, à ceux effectués dans les établissements privés et dans les établissements de l'État, à ceux effectués dans les établissements laïques et religieux de charité.

Dans un seul cas l'enfant échappe à la protection de la loi :

c'est lorsqu'il travaille seul avec son ascendant ou tuteur, chez lui et sous son autorité.

Les enfants ne peuvent être admis dans une usine avant l'âge de treize ans. Toutefois, ceux qui ont obtenu leur certificat d'études primaires avant cet âge peuvent être admis dans un atelier dès douze ans. Dans ce cas, ils doivent être munis d'un certificat médical établissant qu'ils sont assez forts pour travailler.

La loi de 1892 établit une demi-aptitude pour le travail industriel. Elle fixe un maximum de travail : jusqu'à seize ans, la journée ne peut dépasser dix heures. De seize à dix-huit ans, la journée peut être de onze heures. Mais le maximum de travail ne doit pas dépasser soixante heures par semaine. Un repos d'au moins une heure doit avoir lieu chaque jour, scindant la durée du travail en deux périodes sensiblement égales.

La loi de 1892 défend d'imposer le travail de nuit aux adolescents. Le travail de nuit est celui qui est effectué de neuf heures du soir à cinq heures du matin.

Cependant il y a de nombreuses exceptions à cette prohibition. Il en est de permanentes ; elles durent toute l'année. Elles sont particulières à certaines industries.

L'article 4 de la loi de 1892 n'autorise le travail de nuit des enfants que s'il existe dans l'usine deux ou plusieurs équipes qui se remplacent. L'une de ces équipes peut employer des enfants dès quatre heures du matin, l'autre jusqu'à dix heures du soir.

Il y a aussi des exceptions temporaires. Elles n'existent qu'à certaines époques, au profit d'industries qui ont des moments de presse. La durée des exceptions temporaires est variable : elle va de 30 à 90 jours.

En cas d'interruption du travail et en cas de chômage, des exceptions spéciales peuvent être autorisées.

Les enfants doivent avoir au moins un jour de repos par semaine. Il y a exception en faveur des usines à feu continu.

Surveillance administrative des Ateliers
Contraventions

Il existe, aux termes du décret du 15 novembre 1892, onze inspecteurs divisionnaires qui ont sous leurs ordres quatre-vingt-douze inspecteurs départementaux. En outre, dans chaque département se trouvent des commissions consultatives, et à Paris une commission centrale. Ces commissions n'ont qu'un rôle consultatif. La loi de 1892 autorise la création de comités de patronage.

Les inspecteurs ont le droit de pénétrer, même malgré les patrons, à tout moment, dans les usines. Pour les mines, il est établi un service particulier.

En cas de contravention, l'inspecteur dresse procès-verbal, en double expédition, dont une est envoyée au préfet, l'autre au parquet; chaque année l'inspecteur fait parvenir au ministère un rapport de statistique.

Si l'enfant a moins de treize ans, il doit posséder un livret. On y relate si l'enfant a son certificat d'études; on y mentionne les dates d'entrée et de sortie.

Les peines contre les contraventions sont des amendes de simple police de 5 à 15 francs. Elles se cumulent. En cas de récidive, l'amende est portée de 16 à 100 francs, et devient un délit correctionnel. Pour qu'il y ait récidive, il faut deux contraventions identiques; il faut aussi que la seconde ait été commise dans les douze mois qui suivent la condamnation encourue pour la première.

Si le patron s'oppose à l'entrée de l'inspecteur, il est passible d'une amende de 100 à 500 francs. En cas de récidive, l'amende est de 500 à 1.000 francs : c'est un délit correctionnel.

Travail des femmes ayant plus de 18 ans

La loi de 1892 a appliqué aux femmes la plus grande partie des règles édictées pour les enfants.

Les filles au-dessus de dix-huit ans, et les femmes, ne peuvent travailler plus de onze heures par jour. Elles doivent avoir au moins un jour de repos par semaine. Elles ne peuvent effectuer un travail souterrain dans les mines. Le travail de nuit est interdit, mais on admet de nombreux tempéraments.

Travail des hommes adultes

Pour les ouvriers adultes, il n'est question que de la durée de la journée de travail et du repos hebdomadaire,

La loi du 9 septembre 1848 fixait un maximum de travail de douze heures par jour. La loi de 1892 a rétabli le maximum; mais ce maximum est difficile à observer. Il faut subir certaines nécessités. Beaucoup d'industries ont des mortes-saisons et des moments de presse.

Notre législature ne fixe pas le dimanche comme jour de repos obligatoire; ce jour de repos peut tomber n'importe quel jour de la semaine. Mais, en fait, il a lieu le plus souvent le dimanche.

Loi concernant l'hygiène et la sécurité des travailleurs dans les Etablissements industriels

L'ouvrier doit travailler dans de bonnes conditions d'hygiène et de sécurité. La loi du 12 juin 1893 l'a bien compris. Elle réglemente les manufactures, les fabriques, usines, chantiers, ateliers de tous genres et leurs dépendances. Elle ne s'applique pas aux établissements où sont seulement employés les membres de la famille sous l'autorité du père, de la mère ou du tuteur. Toutefois, dans ce dernier cas, le travail ne doit pas être fait à l'aide d'une chaudière à vapeur ou d'un moteur mécanique. La loi de 1893 serait alors applicable.

Les établissements dangereux ou insalubres doivent être très propres ; on doit y trouver les conditions d'hygiène et de salubrité nécessaires à la santé des travailleurs. Les appareils mécaniques, les roues, les courroies, les engrenages, doivent, être séparés des ouvriers. Ils ne s'en approcheront qu'en cas de besoin.

Les inspecteurs du travail ont mission de veiller à l'hygiène et à la sécurité des travailleurs.

Les contraventions sont constatées par les procès-verbaux des inspecteurs. Ces procès-verbaux font foi jusqu'à preuve contraire. Chaque procès-verbal est dressé en double exemplaire. L'un est envoyé au préfet, l'autre au parquet..

Des règlements d'administration publique, rendus après avis du comité consultatif des arts et manufactures, régissent la matière.

Les inspecteurs, avant de dresser procès-verbal, mettront les chefs d'industrie en demeure de se conformer à ces règlements. Cette mise en demeure sera faite sur le registre de l'usine. Elle sera datée et signée. Elle indiquera les contraventions relevées, et fixera un délai à l'expiration duquel ces contraventions devront avoir disparu. Ce délai ne sera jamais inférieur à un mois.

Dans les quinze jours suivant la mise en demeure, le chef d'industrie adresse, s'il le juge convenable, une réclamation au ministre du commerce et de l'industrie. Celui-ci peut accorder au chef d'industrie un délai qui ne pourra jamais dépasser dix-huit mois.

Contraventions

En cas de contraventions aux dispositions de la loi et aux règlements d'administration publique, les chefs d'industrie, directeurs, gérants ou préposés, seront poursuivis devant le tribunal de simple police. L'amende sera de 5 à 15 francs. On l'appliquera autant de fois qu'il y aura de contraventions distinctes. Toutefois, le chiffre total des amendes n'excédera jamais 200 francs.

Les chefs d'industrie sont civilement responsables des condamnations prononcées contre leurs directeurs, gérants ou préposés.

Si, après une première condamnation, les mesures de sécurité ou de salubrité n'ont pas été exécutées dans le délai fixé par le jugement, l'affaire est portée devant le tribunal correctionnel; celui-ci, après une nouvelle mise en demeure, peut faire fermer l'établissement.

Le jugement peut être frappé d'appel. S'il y a récidive, le contrevenant sera poursuivi devant le tribunal correctionnel. L'amende sera de 50 à 200 francs. La totalité des amendes ne dépassera jamais 200 francs.

Pour qu'il y ait récidive, il faut une nouvelle condamnation prononcée dans les douze mois qui suivent.

Tout accident qui a causé une blessure à un ou plusieurs ouvriers doit être déclaré par le chef d'industrie ou son préposé.

Cette déclaration mentionnera le nom et l'adresse des témoins de l'accident. Elle doit être faite dans le délai de quarante-huit heures au maire de la commune, qui en dresse procès-verbal.

Cette déclaration doit être accompagnée d'un certificat du médecin indiquant l'état du blessé, les suites probables de l'accident, et l'époque à laquelle on pourra en connaître le résultat définitif. Le maire donne immédiatement au déposant récépissé de la déclaration et du certificat médical. Le maire donne avis sans délai de l'accident à l'inspecteur divisionnaire ou départemental.

Quiconque mettra obstacle à l'accomplissement des devoirs d'un inspecteur sera puni d'une amende de 100 à 500 francs. En cas de récidive, l'amende sera de 500 à 1.000 francs.

Les dispositions du Code pénal lui sont même applicables (art. 463).

Assurance contre les accidents

L'accident survenu à l'ouvrier peut provenir de la faute du patron, de la faute de l'ouvrier ou d'un cas fortuit.

Le patron n'est responsable que de sa faute. On le considère en faute au cas où, par des mesures de précaution, il aurait pu éviter l'accident.

Si l'accident résulte à la fois de la faute du patron et de celle de l'ouvrier, le patron est responsable, jusqu'à un certain point, des fautes de l'ouvrier. Il aurait dû garantir l'ouvrier contre son imprudence.

Le patron est responsable de ses fautes personnelles et de celles de ses employés. Le patron ne peut pas, dans un contrat, se soustraire à la responsabilité qui lui incombe. La vie humaine n'est pas dans le commerce, elle ne peut faire l'objet d'aucune convention.

Le patron est responsable civilement et pécuniairement. Juridiquement, il encourt même une responsabilité pénale, aux cas d'homicide et de blessure par imprudence. Mais, en fait, cette responsabilité pénale ne sera guère applicable, car il sera bien difficile de trouver un fait positif engageant la responsabilité du patron. Ce dernier n'a pas personnellement commis la faute.

C'est à l'ouvrier de prouver la faute du patron ; cette preuve sera souvent difficile à établir.

Du risque professionnel

L'ouvrier doit-il supporter seul les accidents provenant d'une faute qui lui est personnelle ou d'un cas fortuit ?

Le patron est un entrepreneur. Il recueille tous les bénéfices de l'entreprise. Il doit supporter les risques de détérioration du matériel ; il semble logique de dire qu'il doit aussi supporter les accidents du personnel.

Fixation des indemnités

L'indemnité est appréciée par les tribunaux, qui remplissent le rôle d'arbitres. Il existe une tarification des indemnités. L'ouvrier n'obtient qu'une indemnité partielle. En effet, il est impossible d'imposer au patron des responsabilités trop lourdes. Le plus souvent, l'indemnité est calculée d'après la gravité de la blessure et le chiffre du salaire.

Assurance obligatoire

Il est très dangereux de laisser à la charge du patron le paiement des indemnités. Dans les grandes usines, où les accidents sont fréquents, le patron peut les prévenir en quelque sorte. Mais, dans les petits ateliers, les accidents sont fort rares; quand ils se produisent, les indemnités à fournir pourraient ruiner complètement les petits patrons. On a donc recouru à l'assurance obligatoire. Le patron s'assure lui-même contre les accidents dont il serait responsable.

En même temps, il assure ses ouvriers contre les autres accidents. Dans le premier cas, le patron s'assure contre un risque personnel. Dans le second cas, ce sont les ouvriers qui sont assurés. L'assurance est collective; elle a rapport à tous les ouvriers sans en indiquer un spécialement. La prime d'assurance est payée par le patron. En cas d'accident, la Compagnie verse directement l'indemnité entre les mains de l'ouvrier.

Le patron, pour payer la prime, fait des retenues sur le salaire des ouvriers.

Règlement intérieur d'une usine

Il existe des règlements intérieurs très variés. Chaque usine possède le sien. On les appelle en général des règlements d'atelier; ces règlements renferment les règles multiples auxquelles doivent se soumettre les ouvriers employés par un patron. Ils sont surtout nécessaires lorsqu'il y a une grande agglomération d'ouvriers. Ces règlements ont beaucoup d'importance. Ils posent des règles techniques, et contiennent des clauses qui ont une valeur juridique. Ils règlent le mode et l'époque des paiements des salaires, ainsi que beaucoup d'autres questions.

Voici un modèle de règlement suffisamment complet pour la généralité des usines :

Règlement intérieur d'Usine.

Art. Ier. — La journée de travail est divisée en deux séances égales autant que possible, et séparées par un repas d'une heure.

Art. II. — Les heures d'entrée et de sortie sont annoncées par la cloche de l'Usine.

Art. III. — La seule porte d'accès à l'Usine est, pour tout le personnel, celle de . . . .

Art. IV. — Elle est ouverte **Deux** minutes avant la cloche, et fermée **Trois** minutes après la sonnerie qui détermine l'heure fixée pour la rentrée.

Art. V. — Tout ouvrier ou ouvrière arrivant pendant les **Cinq** minutes qui suivent la fermeture de la porte, est encore admis à entrer, mais il paie un amende de 0,15c au bénéfice de la Caisse de secours; passé cette limite, la séance de travail est perdue pour le retardataire, l'accès de l'Usine ne lui sera permis qu'à la rentrée suivante.

Art. VI. — Tout ouvrier ou ouvrière plusieurs fois retardataire dans la même semaine, encourt une amende de **Un franc.**

Art. VII. — Tout ouvrier ou ouvrière qui perd cinq séances dans un même mois par suite de retards volontaires ou non sera remercié.

Art. VIII. — Dès la rentrée tout le personnel se rend aux vestiaires d'abord et ensuite aux ateliers, où le travail doit être repris dans les **Cinq** minutes qui suivent l'arrivée.

Art. IX. — Les discussions, rixes, chants, chœurs, sont absolument interdits pendant le travail.

Art. X. — Il est rappelé à MM. les Chefs de Service, en outre des instructions qui leur sont spéciales, qu'ils ont la responsabilité du travail, de la bonne tenue et de la conduite des ouvriers et ouvrières inscrits sur les feuilles de leur service ; en conséquence, leur personnel leur doit obéissance et respect : ils ont le droit de proposer le renvoi de ceux qui négligent ces deux obligations.

Art. XI. — Quiconque a besoin de s'absenter en prévient son chef direct la veille, ce dernier en réfère de suite au **Chef de Fabrication** afin qu'ils prennent ensemble les mesures nécessaires pour que le travail ne soit pas suspendu.

Art. XII. — En dehors des cas graves aucun congé n'est accordé pour les **Lundis** en général et pour les lendemains de paie et demi-paie ou à-comptes ; tout ouvrier ou ouvrière qui s'absente sans motif ces jours indiqués sera remercié.

Art. XIII. — Tout ouvrier qui, étant dans un état d'ivresse manifeste, a réussi à passer inaperçu à la porte, et s'est introduit dans les ateliers est, sitôt reconnu, conduit dehors sous peine de faire encourir une punition à son Chef de Service.

Art. XIV. — Lorsqu'il est facile de démontrer qu'une malfaçon, ou bris de matériel, d'ustensiles, etc., est le fait d'un ouvrier négligent, ou inhabile, il lui est retenu à sa paie un quart de la perte résultant de son insouciance ou de sa maladresse.

Art. XV. — Les propositions motivées d'embauchage, d'augmentation de salaire, de punitions, de renvois, sont faites par les Chefs de Service et contresignées du Chef de fabrication; elles ne peuvent être définitives qu'après l'approbation du **Directeur de l'Usine.**

Art. XVI. — Tout ouvrier ou ouvrière embauché sans conditions spéciales est informé du taux de la journée ou de l'heure le **Huitième** jour de son arrivée.

Art. XVII. — Tout ouvrier qui change volontairement de service, accepte la paie habituelle de l'atelier ou du service qu'il a choisi.

Art. XVIII. — L'arrêt du travail a lieu **Trois** minutes avant l'heure fixée pour la sortie de l'usine ; il est annoncé par le signal de sortie des femmes qui doivent avoir quitté l'Usine au moment de la cloche indiquant la sortie des hommes.

Art. XIX. — La **Paie** du personnel **Hommes** a lieu le 5 de chaque mois ; les comptes sont arrêtés d'après les feuilles d'heures qui sont constamment affichées dans les ateliers, où le personnel peut faire le contrôle de ce qui l'intéresse.

La **Paie des Femmes** a lieu tous les samedis, les comptes sont arrêtés le vendredi soir qui précède.

Art. XX. — Il est donné aux ouvriers qui le désirent, mais sans que cette mesure constitue une obligation, un à-compte de 20 à 60 francs au maximum le 20 de chaque mois.

Ces à-comptes sont refusés aux jeunes gens ayant moins de **Vingt ans** et vivant dans leur famille, sauf le cas néanmoins d'une demande spéciale des parents qui, alors, touchent à leur place.

Art. XXI. — Tout ouvrier ou ouvrière désirant quitter l'Usine n'a pas besoin de prévenir au préalable; son départ peut, selon son désir être immédiat; par réciprocité la **Direction**, se réserve le droit de remercier et **Payer de suite** toute personne dont la présence serait devenue inutile ou impossible.

Art. XVII. — En quittant l'Usine tout ouvrier reçoit un **Certificat** établi conformément à la loi et ne peut en exiger d'autre.

Signature :

La Cour de cassation a toujours admis la validité de ces règlements. Elle les considère comme les clauses du contrat de louage d'ouvrage.

Les patrons sont absolument libres d'introduire toutes sortes de règles dans les règlements d'usine, sauf toutefois des règles contraires aux lois et à l'ordre public.

Paiement du salaire

Aucune loi ne fixe une époque spéciale pour le paiement du salaire. Le patron est libre de faire la paie quand bon lui semble. Très souvent la paie ne se fait que tous les mois, car, dans les établissements renfermant de nombreux ateliers, la confection des états de paie occasionne des frais importants. Mais ce procédé est très onéreux pour l'ouvrier qui se trouve ainsi obligé d'acheter à crédit, et de payer les produits beaucoup plus cher.

Parfois, la paie se fait tous les quinze jours. Cette habitude tend à se généraliser.

Il en résulte un peu plus de complication dans la comptabilité. Mais on peut y remédier en donnant des à-comptes payés d'après la moyenne des salaires, et en remettant le règlement définitif de la paie à la fin du mois.

Les règlements d'atelier fixent l'époque du paiement. L'ouvrier ne peut exiger le paiement avant la date ainsi fixée, même s'il quitte l'usine (C. cassation, arrêt du 7 août 1877).

Nous nous sommes bien trouvés de faire la paie le 5, et de donner un à-compte de 60 francs le 20 de chaque mois.

Dans les industries qui emploient des femmes, il est de bonne règle de faire la paie hebdomadaire. Les comptes sont arrêtés le vendredi soir de chaque semaine, et la paie a lieu tous les samedis.

Saisie-arrêt sur les salaires et petits traitements des ouvriers ou employés

(Loi du 27 Décembre 1894).

Les salaires des ouvriers et gens de service ne sont saisissables que jusqu'à concurrence du dixième, quel que soit le montant de ces salaires.

Les appointements des employés ou commis et des fonctionnaires ne peuvent être saisis que jusqu'à concurrence du dixième, s'ils n'excèdent pas 2.000 francs par an.

Les salaires, appointements et traitements des ouvriers, employés ou fonctionnaires ne peuvent être cédés que jusqu'à concurrence d'un autre dixième.

Au cas de saisies et de cessions faites pour paiement des dettes alimentaires, les restrictions qui viennent d'être établies n'existent plus.

Il n'est pas de compensation possible au profit des patrons entre le montant des salaires qu'ils doivent aux ouvriers et les sommes qui leur seraient dues à eux-mêmes pour fournitures diverses.

Il y a toutefois quelques exceptions.

La compensation s'opérerait au profit du patron s'il avait fourni des outils ou instruments nécessaires au travail des matériaux dont l'ouvrier a la charge et l'usage, ou des sommes pour l'acquisition de ces mêmes objets.

Le patron qui fait une avance en espèces, en dehors du cas de sommes fournies pour l'acquisition d'outils ou instruments et de matériaux, ne peut rentrer dans ses débours que par des retenues successives ne dépassant pas le dixième du montant des salaires ou appointements exigibles.

La retenue opérée pour le compte du patron ne se confond ni avec le dixième saisissable, ni avec le dixième cessible.

Les à-comptes sur un travail en cours ne sont pas considérés comme avances.

Procédure de Saisie-arrêt

Pour pratiquer une saisie-arrêt, il faut le visa du greffier de la justice de paix du domicile du débiteur saisi, s'il y a titre. S'il n'existe aucun titre, la saisie-arrêt ne pourra être pratiquée qu'avec l'autorisation du juge de paix du domicile du débiteur saisi. Le juge de paix pourra essayer de concilier le créancier et le débiteur. En cas d'arrangement, il sera fait mention par le greffier sur un registre spécial.

L'exploit de saisie-arrêt doit contenir en tête l'exploit du titre, s'il en existe un, la copie du visa, et, à défaut de titre, copie de l'autorisation du juge. L'exploit sera signifié au tiers saisi ou au préposé au paiement des salaires, dans le lieu où travaille le débiteur saisi.

L'autorisation du juge doit indiquer la somme pour laquelle la saisie-arrêt est formée.

Le débiteur pourra toucher du tiers saisi la portion non saisissable de ses salaires.

S'il survient d'autres créanciers, le greffier en donnera avis dans les 48 heures au débiteur saisi et au tiers saisi, par lettre recommandée qui vaudra opposition.

L'huissier saisissant devra faire parvenir au juge de paix, dans le délai de huit jours à dater de la saisie, l'original de l'exploit. Dans le cas contraire, il serait condamné à une amende de 10 francs, prononcée par le juge de paix en audience publique,

Tout créancier saisissant, le débiteur et le tiers saisi pourront requérir la convocation des intéressés devant le juge de paix du débiteur saisi, par une déclaration consignée sur un registre spécial.

Dans les quarante-huit heures de cette réquisition, le greffier adressera au saisi, au tiers saisi, aux créanciers opposants, un avertissement recommandé à comparaître devant le juge de paix à l'audience que celui-ci aura fixée.

A cette audience, le juge de paix statuera sur la validité, la nullité ou la mainlevée de la saisie, ainsi que sur la déclaration affirmative que le tiers saisi sera tenu de faire audience tenante.

Règlement de comptes en cas de renvoi d'un employé ou d'un ouvrier

Si le contrat de louage d'ouvrage a été conclu pour une durée déterminée ou pour un travail déterminé, le patron et l'ouvrier sont tenus d'exécuter leur engagement jusqu'au bout. Si l'un d'eux s'y refuse, il y a lieu à dommages et intérêts.

Mais, le plus souvent, l'ouvrier loue ses services sans fixer une durée déterminée. Chaque partie peut, à tout moment, résilier le contrat. La loi du 27 décembre 1890 consacre cette faculté de résiliation.

Cette faculté s'exerce par le congé.

Il y a un délai entre l'avertissement de résiliation et la cessation du contrat; ce délai n'est pas fixe, il est établi par l'usage des lieux ou par la convention.

Il peut même ne pas y avoir de délai.

Si le louage d'ouvrage est rompu par la volonté d'une seule des parties, l'autre partie peut éprouver un préjudice. Peut-elle obtenir des dommages et intérêts ?

La loi du 27 décembre 1890 dit : « La résiliation du contrat par la volonté d'un seul des contractants peut donner lieu à des dommages et intérêts. » Avant 1891, l'ouvrier congédié ne pouvait obtenir une indemnité quand on avait respecté l'usage ou la convention.

La Cour de cassation admettait que le renvoi d'un ouvrier pouvait donner lieu à des dommages et intérêts lorsqu'il était fait à contre-temps ou lorsqu'il était nuisible à l'autre partie. (Arrêt 8 février 1859).

Mais la loi, tout en donnant à la partie congédiée le droit de réclamer des dommages et intérêts, n'indique pas dans quelle mesure et pour quelles raisons ils seront accordés. La loi de 1890 a supprimé l'ancienne faculté de résiliation arbitraire, et l'a remplacée par un droit de résiliation pour de justes motifs.

Il n'est pas possible de renvoyer brusquement ou sans motifs un ouvrier.

Pour évaluer le préjudice causé par un tel renvoi le juge doit tenir compte des usages, de la nature des services engagés, du montant des salaires du temps écoulé, des retenues et versements effectués en vue d'une retraite.

Conseils de prud'hommes

Ces conseils sont composés d'un nombre pair de membres. Ils renferment autant d'ouvriers que de patrons. Leur nombre est variable, sans qu'il soit jamais inférieur à 6 ; à Paris, il y à 104 conseillers prud'hommes, 18 à Marseille, 20 à Dijon et à Brest, 24 au Havre, Le conseil est assisté d'un secrétaire-greffier, nommé et révoqué par le conseil à la demande des deux tiers de ses membres. Les conseillers sont élus pour six ans. Ils sont renouvelés par moitié tous les trois ans. Est électeur quiconque a vingt-cinq ans, cinq ans d'exercice de la profession, et trois ans de résidence dans le ressort du conseil.

Sont éligibles les électeurs qui ont trente ans accomplis et qui savent lire et écrire. Le président et le vice-président sont nommés par les prud'hommes. Ils sont élus pour un an et rééligibles. Si le président est un ouvrier, le vice-président est un patron, et réciproquement. (Loi du 7 février 1880.)

Le conseil des prud'hommes a un rôle de conciliation. Il a une compétence contentieuse. Les prud'hommes peuvent même infliger trois jours de prison. Ils ont des attributions en ce qui touche les marques de fabriques, les règlements de comptes entre les patrons et les ouvriers.

Dans les endroits où il n'existe pas de conseil de prud'hommes, le juge de paix est compétent.

Le conseil des prud'hommes est un tribunal de première instance. L'appel contre ses décisions est porté devant les tribunaux de commerce ou devant les tribunaux civils jugeant commercialement. La compétence en ce qui touche les personnes est déterminée d'après la situation de l'usine ou de l'atelier auxquels les plaideurs appartiennent.

Pour déterminer la compétence en ce qui touche l'objet du litige, il faut examiner la nature de l'industrie, la qualité des personnes, la nature de la contestation.

On groupe les industries par catégories. Elles doivent avoir un caractère commercial : à Paris, il existe quatre conseils différents : 1° Métaux ; 2° Produits chimiques ; 3° Tissus ; 4° Industries diverses. Il est question de créer, à Paris, un cinquième conseil pour l'industrie du bâtiment.

Dans les autres villes il n'y a qu'un conseil, sauf à Lyon et à Saint-Étienne, où il en existe deux.

Pour que le conseil des prud'hommes soit compétent, les deux plaideurs doivent appartenir à la même industrie. Il doit exister entre eux un lien de subordination. Le litige doit provenir d'un louage d'ouvrage.

Les conseils de prud'hommes ne sont pas compétents pour les indemnités à accorder en cas de résiliation du contrat de louage d'ouvrage, ou en cas d'accidents.

Procédure

Les affaires soumises aux prud'hommes passent par les préliminaires de conciliation. La tentative de conciliation est faite devant un bureau particulier, composé de deux prud'hommes, un patron et un ouvrier, tour à tour présidents.

Les parties sont convoquées par lettre avec un délai d'un jour. Elles sont tenues de comparaître en personne. Si elles sont empêchées, elles peuvent se faire représenter par un homme du métier. Il est permis de se faire accompagner par un conseil.

L'instance s'engage devant le bureau général, composé de cinq membres au moins, deux patrons, deux ouvriers et le président ou le vice-président. La majorité est assurée tantôt aux patrons, tantôt aux ouvriers. Le conseil doit siéger au moins une fois par semaine; les parties peuvent être assistées d'un avocat. Les prud'hommes statuent sans délai, sauf si l'on soulève l'exception d'incompétence.

Les prud'hommes jugent sans appel jusqu'à 200 francs; là où il n'existe pas de conseil de prud'hommes, le juge de paix est compétent, mais seulement jusqu'à 100 francs sans appel.

Quand l'affaire est jugée par les prud'hommes, l'appel est porté devant le tribunal de commerce; quand l'affaire est jugée par le juge de paix, l'appel est porté devant le tribunal civil.

Le recours en cassation n'est possible que contre les décisions rendues en dernier ressort; ce recours est très rare, car les litiges soumis aux conseils de prud'hommes portent sur des sommes inférieures à 200 francs et ne comportent pas le recours intermédiaire par voie d'appel.

CHAPITRE IX

SOCIÉTÉS DE SECOURS MUTUELS

Après avoir examiné le fonctionnement des établissements industriels, il n'est pas inutile de dire quelques mots sur les sociétés de secours mutuels et les caisses de retraite pour la vieillesse.

Les sociétés de secours mutuels sont des sociétés d'assurance rentrant dans la catégorie des mutualités, sociétés dans lesquelles les membres répartissent entre eux les risques résultant de certains accidents. Les associés, moyennant une cotisation mensuelle très modérée, s'assurent des secours en cas de maladie. En cas de mort, les frais des obsèques sont supportés par la mutualité, qui souvent même verse des secours aux veuves et aux enfants.

Les sociétés de secours mutuels peuvent rendre d'immenses services aux populations ouvrières, aux employés de tous ordres ; mais, tandis qu'elles ont pris en divers pays, surtout en Angleterre, un essor rapide, et depuis longtemps y produisent de merveilleux résultats, elles se développent trop lentement en France.

En outre du chômage, menace collective qui frappe à la fois les ouvriers de même industrie et de même région, l'ouvrier est toujours sous le coup d'accidents industriels.

Le législateur cherche chaque jour à diminuer ses risques, en le protégeant par des prescriptions rigoureuses contre la négligence de ses chefs et sa propre imprudence, quelquefois poussée si loin.

Trop souvent encore la maladie le force à cesser tout travail, et le salaire quotidien disparaît au moment où les soins à donner au chef de famille s'ajoutent à l'entretien du foyer. C'est alors qu'apparaît dans sa haute utilité le rôle de la mutualité, et c'est, pour les chefs d'industrie, un devoir et un acte de prévoyance sociale d'engager leur personnel à se grouper en sociétés de secours mutuels.

La cotisation mensuelle de chaque ouvrier est généralement minime. Elle donne droit aux sociétaires, en cas d'accident ou maladie, à la perception d'une somme variant du tiers à la moitié du salaire moyen, pendant la durée constatée de la maladie et du chômage consécutif ; les soins médicaux et les remèdes prescrits par le médecin de la mutualité sont payés par elle.

Certains patrons prennent à leur charge la moitié de la cotisation mensuelle ; cette louable façon d'agir, subordonnée à la puissance de production des usines, à leur rendement commercial, à la situation personnelle des usiniers, ne peut, en l'état actuel de nos mœurs, être érigée en loi. Chaque établissement important possède, en général, une société de secours mutuels qui lui est propre. Ces sociétés varient à l'infini. Elles ne peuvent soulager entièrement toutes les misères, mais elles en atténuent considérablement les effets.

Il arrive fréquemment que les ouvriers d'une même usine font entre eux des quêtes pour venir en aide à celui des leurs qu'un accident ou la maladie vient d'atteindre. Le produit de ces quêtes est très aléatoire. Celui qui en prend l'initiative est-il plein d'entrain, de hardiesse, la quête sera pour la plupart du temps très productive. Est-il au contraire hésitant et timide, la quête atteindra péniblement un chiffre plus minime. Dans une usine qui occupe plusieurs centaines d'ouvriers, nous avons constaté que deux quêtes faites pour des motifs identiques, mais par des personnes différentes, donnaient des résultats variant du simple au double.

Ces quêtes dans les usines doivent être évitées, parce qu'elles ne produisent pas toujours les effets désirables et qu'elles peuvent froisser les bénéficiaires. Nous avons pensé mieux faire en instituant dans l'usine dont il s'agit une société de secours mutuels ; les statuts qui la régissent depuis plusieurs années sont les suivants :

SOCIÉTÉ DE SECOURS

STATUTS

Article Premier.

Entre tout le personnel, employés, ouvriers et ouvrières, de *l'Usine* ………………, *sise à* ………………, *rue* ………………, *n°* …… ; il est formé une association sous le nom de : *Société de Secours.*

Article 2.

Son but est de venir en aide à ses membres malades ou blessés en leur donnant une indemnité journalière de 1 fr., 50 pour les hommes et 0 fr., 75 pour les femmes pendant leur absence motivée, dûment constatée, et en participant aux frais funéraires.

Article 3.

La Société est administrée par un conseil composé de *douze* délégués, nommés à l'élection par tous les sociétaires pour *trois ans*, et présidée par le Directeur de l'usine.

Article 4.

L'état des recettes et dépenses est tenu par un secrétaire et par un trésorier ; tous les deux sont choisis parmi les membres du conseil.

Cet état est affiché tous les mois dans un endroit de l'Usine spécialement affecté à cet usage.

Article 5.

La situation de caisse est contrôlée mensuellement par un des membres du conseil délégué à cet effet.

Article 6.

L'entrée dans la Société est obligatoire pour tout le personnel de l'Usine.

Pour subvenir aux dépenses, indemnités, secours, etc., etc., il est créé une caisse, alimentée :

1° Par une cotisation mensuelle perçue individuellement à chaque paie et fixée à 1 fr. 25 pour les hommes, et 0 fr. 75 pour les femmes ; pendant la maladie, le versement de la cotisation n'est pas suspendu.

2° Par les amendes disciplinaires encourues par le personnel et indiquées par le règlement intérieur de l'Usine.

3° Par les dons volontaires.

4° Par un versement de 1 franc pour les hommes et de 0 fr., 50 centimes pour les femmes comme droit d'entrée dans la Société, le premier mois, en plus de la cotisation mensuelle.

ARTICLE 7.

Les cotisations versées par tout sociétaire restent dans tous les cas définitivement acquises à la Société. Elles sont dues à partir de la deuxième quinzaine qui suit l'entrée dans l'Usine, et pour le cas de départ à partir du 15 du mois où il a lieu.

Les réservistes sont exonérés de la cotisation pendant leur période de vingt-huit jours, mais il n'ont droit à aucune indemnité pendant ce laps de temps.

ARTICLE 8.

L'indemnité n'est accordée que pour maladie ou blessure entraînant une cessation de travail de cinq jours au minimum, et, ne compte qu'à partir du sixième jour ; elle n'est pas due pour les maladies qui sont les conséquences de débauche ou de rixes.

ARTICLE 9.

Il est accordé une indemnité fixe de *quinze francs* à toute ouvrière ayant au moins un an de présence à l'Usine, et accouchée d'un enfant légitime.

ARTICLE 10.

Tout membre arrêté dans son travail doit, dans un délai de trois jours, prévenir ou faire prévenir son chef de service, lequel se rendra au bureau du personnel pour y faire établir un bulletin de maladie donnant droit à l'indemnité journalière.

ARTICLE 11.

Dans chacune des maladies constatées, un membre du conseil, désigné spécialement, doit visiter le malade, s'assurer que les secours lui sont donnés, qu'il n'abuse pas de la situation qui lui est faite.

Tout sociétaire valide devra se présenter à la caisse, muni de sa feuille, le samedi, à partir de trois heures, pour toucher l'indemnité qui lui est due.

ARTICLE 12.

Le comité peut délivrer des secours à ses membres infortunés qui ne se trouvent pas dans les conditions prévues dans les articles précédents.

Ces secours dits exceptionnels sont alors l'objet d'une décision spéciale du comité qui se réunit pour statuer sur chaque cas particulier.

Article 13.

Les secours seront délivrés sur un bon présenté par le secrétaire et signé du président : ce bon indique le nombre de jours à payer et rappelle toujours la date de la mise au repos du secouru.

Article 14.

La limite de durée des secours est de *neuf mois*, divisés en deux périodes : la première, de *six mois*, la deuxième, de *trois mois* ; pendant la première période, l'indemnité journalière reste fixée à 1 fr. 50 pour les hommes et 0 fr. 75 pour les femmes; elle n'est plus que de 1 franc pour les hommes et de 0 fr. 50 pour les femmes pendant la deuxième période. Passé cette durée, le conseil statue dans quelle mesure les secours, alors exceptionnels, peuvent être accordés.

Article 15

Une maladie non distante de 90 jours d'une précédente s'ajoute comme nombre de jours de maladie au nombre de jours de la première et l'indemnité est payée conformément à l'article 14.

Article 16.

Tout sociétaire qui, après un arrêt de son travail par suite d'accident ou de maladie reconnue, croit devoir se faire soigner ou passer sa convalescence à la campagne, perd, pendant l'absence qui le soustrait au contrôle de l'Association, le droit à l'indemnité déterminée.

Article 17.

Dans le cas de décès d'un sociétaire, il est prélevé sur les salaires, en dehors de toute cotisation mensuelle, la somme de 0 fr. 25 pour tous les sociétaires, hommes ou femmes.

Une somme fixe de *cent quatre-vingt-cinq francs* est versée aux ayants droits directs du décédé, ou placée au nom des enfants du défunt lorsque les époux n'habitaient pas ensemble.

Article 18.

En cas de dissolution de la Société, les fonds en caisse seront distribués aux membres présents au prorata des cotisations qu'ils auront versées.

Article 19.

Toutes les fois que le conseil le jugera à propos, le présent règlement subira les modifications reconnues nécessaires au bon fonctionnement de l'Association.

CHAPITRE X

CAISSE DE RETRAITES POUR LA VIEILLESSE

L'assurance d'une pension de retraite à tous les ouvriers a été l'une des plus généreuses pensées de la République de 1848. Elle n'a été reprise qu'en 1879, un peu superficiellement, puis en 1886. En 1879, un membre de la Chambre des députés proposait d'instituer une caisse de retraites chargée de servir des pensions aux invalides du travail, au moyen de cotisations obligatoires pour les ouvriers, les patrons et l'État. Pour les ouvriers, il s'agissait d'opérer une retenue quotidienne de 0 fr. 20 sur leur salaire; pour les patrons, un versement de 0 fr. 10 par ouvrier. L'État eût fourni, par ouvrier assuré, une subvention quotidienne de 0 fr. 10.

En 1886, on proposa d'installer des caisses de prévoyance régionales, devant recevoir les versements effectués en vue de ces retraites. Huit propositions ont été faites de 1889 à 1892. Elles diffèrent :

1° Par la quotité de la cotisation;

3° Par la variété du principe d'obligation;

3° Par le classement des catégories de personnes soumises à l'assurance.

Certaines propositions ne demandent rien à l'ouvrier; on alimenterait la caisse des retraites, soit au moyen d'un impôt progressif sur les successions, soit en partageant la charge de l'assurance entre le patron et l'État.

D'autres propositions ne soumettent le patron à aucune contribution ; elles majorent, par une subvention de l'État ou par un impôt, les versements de l'ouvrier. D'autres encore partagent la charge entre le patron et l'ouvrier.

Le projet du gouvernement est très intéressant : il établirait l'assurance sur la triple base d'une retenue sur le salaire, d'une contribution du patron, et d'une subvention de l'État égale aux deux tiers des versements cumulés des ouvriers et des patrons.

Selon les uns, l'assurance doit être obligatoire ; selon les autres, elle doit être facultative.

Il serait très désirable que le patron assurât, dans la mesure du possible, l'existence de l'ouvrier dans sa vieillesse.

De nombreux chefs d'industrie ont bien compris la situation trop souvent pénible et douloureuse de leurs vieux serviteurs. Ils ont cherché à constituer au profit de leurs anciens ouvriers des rentes viagères dont l'importance varie suivant la générosité des donateurs.

Dans l'état actuel de notre législation, le gouvernement étudie des règlements obligeant les industriels à prélever sur leurs bénéfices une part destinée à constituer des retraites ouvrières. L'initiative patronale en ce qui concerne les caisses de retraites pour la vieillesse peut s'exercer de multiples façons. Généralement la pension payée à l'ouvrier provient de retenues sur son salaire : c'est l'ouvrier qui se prépare lui-même une retraite dont le montant varie avec les retenues.

La combinaison suivante nous paraît très pratique, et susceptible de donner entière satisfaction à cette importante question dans la plupart des cas, surtout dans les usines occupant un grand nombre d'ouvriers :

Après vingt-cinq ans de services et cinquante-cinq ans d'âge l'ouvrier recevra une pension de 500 à 600 francs, mais seulement s'il n'est plus valide, et ne peut se livrer à son travail habituel.

Au cas où l'ouvrier sera dans l'impossibilité absolue de travailler, il recevra une retraite proportionnelle.

Toutefois, elle ne lui sera acquise qu'après un temps minimum de services à fixer (soit 10 années).

Il paraîtrait dérisoire et contraire aux lois mêmes de l'équité d'accorder une retraite à un ouvrier qui n'aurait travaillé qu'une année ou deux dans un établissement où serait appliqué ce principe de retraites.

La pension sera établie en dehors de toute retenue sur les salaires et se prélèvera sur les bénéfices de l'Établissement.

Les frais occasionnés pour le service de ces pensions ne seraient pas aussi élevés qu'on pourrait se l'imaginer.

Le pension s'éteindrait à la mort du retraité ; ayant un caractère exclusivement viager et personnel, *elle ne serait pas reversible* sur la tête de la femme, des enfants ou ascendants du bénéficiaire décédé.

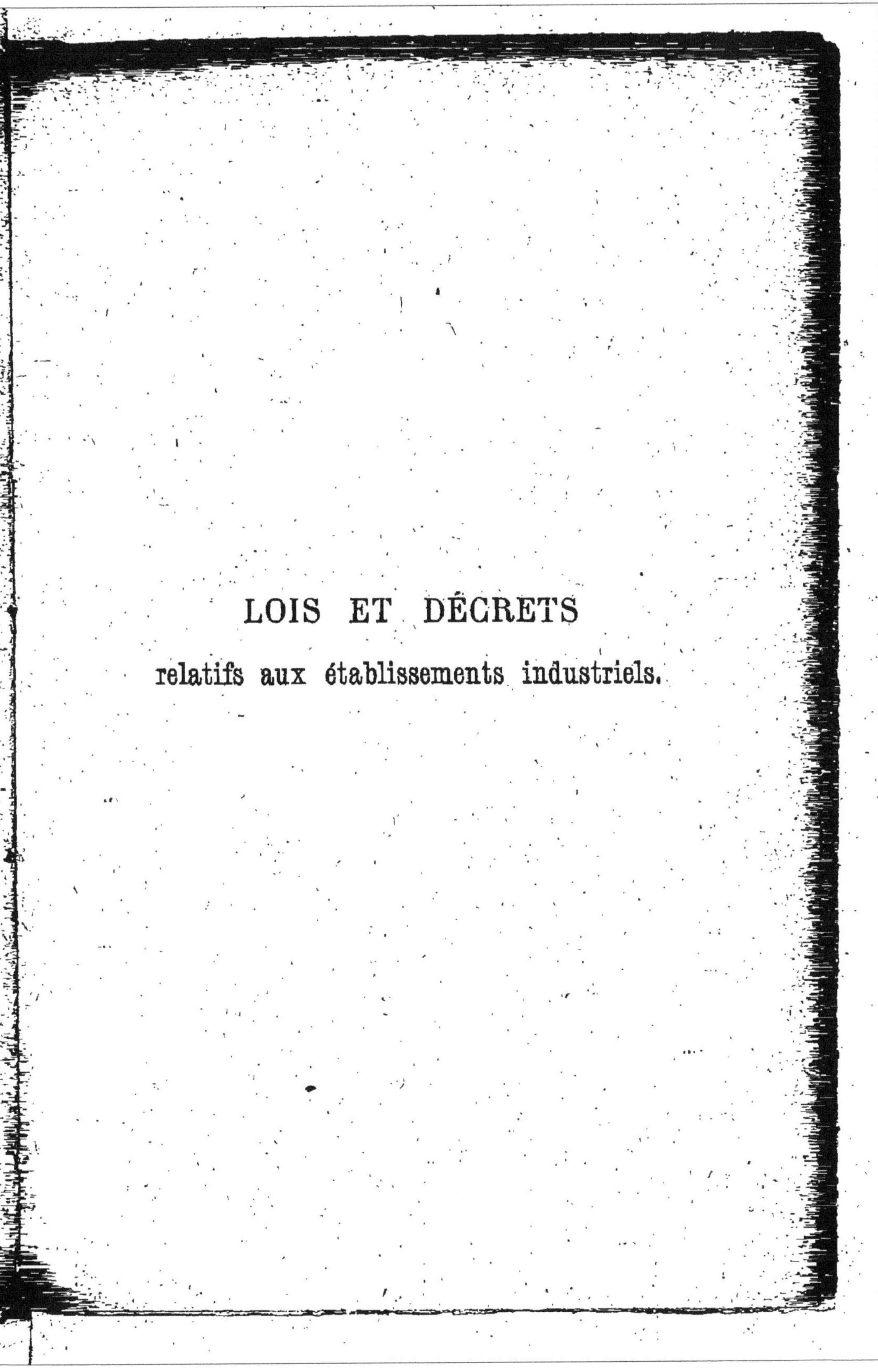

LOIS ET DÉCRETS

relatifs aux établissements industriels.

LOIS & DÉCRETS

relatifs aux Établissements industriels.

Nomenclature des Manufactures, Établissements et ateliers répandant une odeur insalubre ou incommode, dont la formation ne pourra avoir lieu sans une permission de l'autorité administrative.

ÉTABLISSEMENS et ATELIERS qui ne pourront plus être formés dans le voisinage des habitations particulières, et pour la création desquels il sera nécessaire de se pourvoir de l'autorisation du Ministre de l'intérieur (Extrait du décret impérial du 15 octobre 1810).

Amidonniers.
Artificiers.
Bleu de Prusse.
Boyaudiers.
Charbon de terre épuré.
Charbon de bois épuré.
Chiffonniers.
Colle-forte.
Cordes à instrumens.
Cretonniers.
Écarrissage.
Eau-forte, acide sulfurique, etc.
Suif brun.
Ménagerie.
Minium.
Fours à plâtre.
Fours à chaux.
Porcheries.
Poudrette.
Rouissage du chanvre.
Sel ammoniac.
Soude artificielle.
Taffetas et toiles vernis.
Tueries.
Tourbe carbonisée.
Triperies.
Échaudoirs.
Cuirs vernis.
Cartonniers,
Fabriques de vernis.
Fabriques d'huile de pied ou de corne de bœuf.

ÉTABLISSEMENS et ATELIERS dont l'éloignement des habitations n'est pas rigoureusement nécessaire, mais dont il importe néanmoins de ne permettre la formation qu'après avoir acquis la certitude que les opérations qu'on y pratique sont exécutées de manière à ne pas incommoder les Propriétaires du voisinage, ni à leur causer des dommages. Pour former ces Établissemens, l'autorisation du Préfet sera nécessaire.

Blanc de céruse.
Chandeliers.
Corroyeurs.
Couverturiers.
Dépôts de cuirs verts.
Distilleries d'eau-de-vie.
Fonderies de métaux.
Affinage des métaux au fourneau à manche.
Teinturiers.
Hongroyeurs.
Mégissiers.
Pompes à feu.
Suif en branche.
Noir d'ivoire.
Noir de fumée.
Plomberies.
Plomb de chasse.
Salles de dissection.
Fabriques de tabac.
Taffetas cirés.
Vacheries.
Blanchiment des toiles par l'acide muriatique oxigéné.
Les filatures de soie.

ÉTABLISSEMENS et ATELIERS qui peuvent rester sans inconvénient auprès des habitations particulières, et pour la formation desquels il sera nécessaire de se munir d'une permission du Sous-Préfet.

Alun.
Boutons.
Brasseries.
Ciriers.
Colle de parchemin et d'amidon.
Cornes transparentes.
Caractères d'imprimerie.
Doreurs sur métaux.
Papiers peints.
Savonneries, etc.
Vitriols.

Certifié conforme :

Le Ministre Secrétaire d'État,
Signé : H. B. Duc de Bassano.

(No 668) ***ORDONNANCE DU ROI*** *contenant* ***Règlement sur les Manufactures, Etablissemens et Ateliers qui répandent une odeur insalubre ou incommode.***

Au château des Tuileries, le 14 janvier 1815.

LOUIS, par la grâce de Dieu, ROI DE FRANCE ET DE NAVARRE, à tous ceux qui ces présentes verront, SALUT.

Sur le rapport de notre ministre secrétaire d'État de l'intérieur ;

Vu le décret du 15 octobre 1810, qui divise en trois classes les établissemens insalubres ou incommodes dont la formation ne peut avoir lieu qu'en vertu d'une permission de l'autorité administrative,

Le tableau de ces établissemens qui y est annexé,

L'état supplémentaire arrêté par le ministre de l'intérieur le 22 novembre 1811,

Les demandes adressées par plusieurs préfets, à l'effet de savoir si les permissions nécessaires pour la formation des établissemens compris dans la troisième classe, seront délivrées par les sous-préfets ou par les maires ;

Notre Conseil d'État entendu,

NOUS AVONS ORDONNÉ et ORDONNONS ce qui suit :

ART. 1er. A compter de ce jour, la nomenclature jointe à la présente ordonnance servira seule de règle pour la formation des établissemens répandant une odeur insalubre ou incommode.

2. Le procès-verbal d'information *de commodo et incommodo*, exigé par l'article 7 du décret du 15 octobre 1810 pour la formation des établissemens compris dans la seconde classe de la nomenclature, sera pareillement exigible, en outre de l'affiche de demande, pour la formation de ceux compris dans la première classe.

Il n'est innové aux autres dispositions de ce décret.

3. Les permissions nécessaires pour la formation des établissemens compris dans la troisième classe seront délivrées dans les départemens, conformément aux articles 2 et 8 du décret du 15 octobre 1810, par les sous-préfets, après avoir pris préalablement l'avis des maires et de la police locale.

4. Les attributions données aux préfets et aux sous-préfets par le décret du 15 octobre 1810, relativement à la formation des établissemens répandant une odeur insalubre ou incommode, seront exercées par notre directeur général de la police dans toute l'étendue du département de la Seine, et dans les communes de Saint-Cloud, de Meudon et de Sèvres du département de Seine-et-Oise.

5. Les préfets sont autorisés à faire suspendre la formation ou l'exercice

des établissemens nouveaux qui, n'ayant pu être compris dans la nomenclature précitée, seraient cependant de nature à y être placés. Ils pourront accorder l'autorisation d'établissement pour tous ceux qu'ils jugeront devoir appartenir aux deux dernières classes de la nomenclature, en remplisssnt les formalités prescrites par le décret du 15 octobre 1810, sauf, dans les deux cas, à en rendre compte à notre directeur général des manufactures et du commerce.

6. Notre ministre secrétaire d'État de l'intérieur est chargé de l'exécution de la présente ordonnance qui sera insérée au *Bulletin des lois*.

Donné en notre château des Tuileries, le 15 janvier de l'an de grâce 1815, et de notre règne le vingtième.

Signé : LOUIS

Par le Roi :

Le Ministre Secrétaire d'Etat de l'intérieur,
Signé : L'ABBÉ DE MONTESQUIOU.

NOMENCLATURE des Manufactures, Etablissemens et Ateliers répandant une odeur insalubre ou incommode, dont la formation ne pourra avoir lieu sans une permission de l'Autorité administrative.

PREMIÈRE CLASSE

Établissemens et Ateliers qui ne pourront plus être formés dans le voisinage des habitations particulières, et pour la création desquels il sera nécessaire de se pourvoir d'une autorisation de Sa Majesté accordée en Conseil d'État.

Acide nitrique [eau forte] (Fabrication de l').
Acide pyroligneux (Fabriques d'), lorsque les gaz se répandent dans l'air sans être brûlés.
Acide sulfurique (Fabrication de l').
Affinage de métaux au fourneau à manche, au fourneau à coupelle, ou au fourneau à réverbère.
Amidonniers.
Artificiers.
Bleu de Prusse (Fabriques de), lorsqu'on n'y brûlera pas la fumée et le gaz hydrogène sulfuré.
Boyaudiers.
Cendre gravelée (Fabrique de), lorsqu'on laisse répandre la fumée au dehors.
Cendres d'orfèvre (Traitement des) par le plomb.
Chanvre (Rouissage du) en grand par son séjour dans l'eau.
Charbon de terre (Epurage de) à vases ouverts.
Chaux (Fours à) permanens.

Indépendamment des formalités prescrites par le décret du 15 octobre 1810, la formation des établissemens de ce genre ne pourra avoir lieu qu'après que les agens forestiers en résidence sur les lieux auront donné leur avis sur la question de savoir si la reproduction des bois dans le canton, et les besoins des communes environnantes, permettent d'accorder la permission.

Colle-forte (Fabriques de).
Cordes à instrumens (Fabriques de).
Cretonniers.
Cuirs vernis (Fabriques de).
Écarrissage.
Échaudoirs.
Encre d'imprimerie (Fabriques d').
Fourneaux (Hauts).

Les établissemens de ce genre ne seront autorisés qu'autant que les entrepreneurs auront rempli les formalités prescrites par la loi du 21 avril 1810 et par les instructions du ministre de l'intérieur.

Glaces (Fabriques de).

Indépendamment des formalités prescrites par le decret du 15 octobre 1810, la formation des fabriques de ce genre ne pourra avoir lieu qu'après que les agens forestiers en résidence sur les lieux auront donné leur avis sur la question de savoir si la reproduction des bois dans le canton et les besoins des communes environnantes, permettent d'accorder la permission.

Goudron (Fabrication du).
Huile de pied de bœuf (Fabriques d').
Huile de poisson (Fabriques d').
Huile de térébenthine et huile d'aspic (Distillerie en grand d').
Huile rousse (Fabriques d').
Litharge (Fabrication de la).
Massicot (Fabriques de).
Ménageries.
Minium (Fabrication du).
Noir d'ivoire et noir d'os (Fabriques de), lorsqu'on n'y brûle pas la fumée.
Orseille (Fabrication de l').
Plâtre (Fours à) permanens.

Indépendamment des formalités prescrites par le décret du 15 octobre 1810, la formation des fabriques de ce genre ne pourra avoir lieu qu'après que les agens forestiers en résidence sur les lieux auront donné leur avis sur la question de savoir si la reproduction des bois dans le canton, et les besoins des communes environnantes, permettent d'accorder la permission.

Pompes à feu ne brûlant pas la fumée.
Porcheries.
Poudrette.
Rouge de Prusse (Fabrique de) à vases ouverts.
Sel ammoniac [ou muriate d'ammoniac] (Fabrication du) par le moyen de la distillation des matières animales.
Soufre (Distillation du).
Suif brun (Fabrication du).
Suif en branche (Fonderie du) à feu nu.
Suif d'os (Fabrication du).
Sulfate d'ammoniac (Fabrication du) par le moyen de la distillation des matières animales.
Sulfate de cuivre (Fabrication du) au moyen du soufre et du grillage.
Sulfate de soude (Fabrication du) à vases ouverts.
Sulfures métalliques (Grillage des) en plein air.
Tabac (Combustion des côtes du) en plein air.
Taffetas cirés (Fabriques de).
Taffetas et toiles vernis (Fabrication des).
Tourbe (Carbonisation de la) à vases ouverts.
Tripiers.
Tueries, dans les villes dont la population excède dix mille âmes.
Vernis (Fabriques de).
Verre, cristaux et émaux (Fabriques de).

Indépendamment des formalités prescrites par le décret du 15 octobre 1810. la formation des fabriques de ce genre ne pourra avoir lieu qu'après que les agens forestiers en résidence sur les lieux auront donné leur avis sur la question de savoir si la reproduction des bois dans le canton, et les besoins des communes environnantes, permettent d'accorder la permission.

DEUXIÈME CLASSE

Établissemens et Ateliers dont l'éloignement des habitations n'est pas rigoureusement nécessaire, mais dont il importe néanmoins de ne permettre la formation qu'après avoir acquis la certitude que les opérations qu'on y pratique seront exécutées de manière à ne pas incommoder les Propriétaires du voisinage, ni à leur causer des dommages.

Pour former ces établissemens, l'autorisation du préfet sera nécessaire, sauf, en cas de difficulté, ou en cas d'opposition de la part des voisins, le recours à notre Conseil d'État.

Acier (Fabriques d').
Acide muriatique (Fabrication de l') à vases clos.
Acide muriatique oxigéné (Fabrication de l').
Acide pyroligneux (Fabriques d'), lorsque les gaz sont brûlés.
Ateliers à enfumer les lards.
Blanc de plomb ou de céruse (Fabriques de).
Bleu de Prusse (Fabriques de), lorsqu'elles brûlent leur fumée et le gaz hydrogène sulfuré, etc.
Cartonniers.
Cendres d'orfèvre (Traitement des) par le mercure et la distillation des amalgames.
Cendres gravelées (Fabrication des), lorsqu'on brûle la fumée, etc.
Chamoiseurs.
Chandeliers.
Chapeaux (Fabriques de).
Charbon de bois fait à vases clos.
Charbon de terre épuré, lorsqu'on travaille à vases clos.
Châtaignes (Dessication et conservation des).
Chiffonniers.
Cire à cacheter (Fabriques de).
Corroyeurs.
Couverturiers.
Cuirs verts (Dépôts de).
Cuivre (Fonte et laminage de).
Eau-de-vie (Distillerie d').
Faïence (Fabriques de).
Fondeurs en grand au fourneau à réverbère.
Liqueurs (Fabrication des).
Maroquiniers.
Mégissiers.
Noir de fumée (Fabrication du).
Noir d'ivoire et noir d'os (Fabrication des), lorsqu'on brûle la fumée.
Or et argent (Affinage de l'), au moyen du départ et du fourneau à vent.
Os (Blanchiment des) pour les éventaillistes et les boutonniers.
Papiers (Fabriques de).
Parcheminiers.
Pipes à fumer (Fabrication des).
Plomb (Fonte de), et laminage de ce métal.
Poêliers-fournalistes.
Porcelaine (Fabrication de la).
Potiers de terre.
Rouge de Prusse (Fabrique de) à vases clos.
Salaisons (Dépôts de).
Sel ou muriate d'étain (Fabrication du)
Sucre (Raffineries de).
Suif (Fonderies de) au bain-marie ou à la vapeur.
Sulfate de soude (Fabrication du) à vases clos.
Sulfates de fer et de zinc (Fabrication des), lorsqu'on forme ces sels de toutes pièces avec l'acide sulfurique et les substances métalliques.
Sulfures métalliques (Grillage des) dans les appareils propres à retirer le soufre ou à utiliser l'acide sulfureux qui se dégage.
Tabac (Fabriques de).

Galons et tissus d'or et d'argent (Brûleries en grand des).
Genièvre (Distillerie de).
Goudron (Fabrique de) à vases clos.
Hareng (Saurage du).
Hongroyeurs.
Huiles (Épuration des) au moyen de l'acide sulfurique.
Indigoteries.
Tabatières en carton (Fabrication des).
Tanneries.
Toiles (Blanchiment des) par l'acide muriatique oxigéné.
Tourbe (Carbonisation de la) à vases clos.
Tuileries et briqueteries.

TROISIÈME CLASSE.

Établissemens et Ateliers qui peuvent rester sans inconvénient auprès des habitations particulières, et pour la formation desquels il sera néanmoins nécessaire de se munir d'une permission, aux termes des articles 2 et 8 du Décret du 15 octobre 1810 et de l'article 3 de la présente Ordonnance.

Acétate de plomb [sel de Saturne] (Fabrication de l').
Batteurs d'or et d'argent.
Blanc d'Espagne (Fabriques de).
Bois dorés (Brûleries des).
Boutons métalliques (Fabrication des).
Borax (Raffinage du).
Brasseries.
Briqueteries ne faisant qu'une seule fournée en plein air, comme on le fait en Flandre.
Buanderies.
Camphre (Préparation et raffinage du).
Caractères d'imprimerie (Fonderies de).
Cendres (Laveurs de).
Cendres bleues et autres précipitées du cuivre (Fabrication des).
Chaux (Fours à) ne travaillant pas plus d'un mois par année.
Ciriers.
Colle de parchemin et d'amidon (Fabriques de).
Corne (Travail de la) pour la réduire en feuilles.
Cristaux de soude (Fabriques de) [sous-carbonate de soude cristallisé].
Doreurs sur métaux.
Papiers peints et papiers marbrés (Fabriques de).
Plâtre (Fours à) ne travaillant pas plus d'un mois par année.
Plombiers et fonteniers.
Plomb de chasse (Fabrication du).
Pompes à feu, brûlant leur fumée.
Potasse (Fabriques de).
Potiers d'étain.
Sabots (Ateliers à enfumer les).
Salpêtre (Fabrication et raffinage du).
Savonneries.
Sel de soude sec (Fabrication du) [sous-carbonate de soude sec].
Sel (Raffineries de).
Soude (Fabrication de la), ou décomposition du sulfate de soude.
Sulfate de cuivre (Fabrication du) au moyen de l'acide sulfurique et de l'oxide de cuivre, ou du carbonate de cuivre.
Sulfate de potasse (Raffinage du).
Sulfates de fer et d'alumine. Extraction de ces sels, des matériaux qui les contiennent tout formés, et transformation du sulfate d'alumine en alun.

Eau seconde (Fabrication de l') des peintres en bâtimens, alcalis caustiques et dissolution.
Encre à écrire (Fabriques d').
Essayeurs.
Fer-blanc (Fabriques de).
Feuilles d'étain (Fabrication des).
Fondeurs au creuset.
Fromages (Dépôts de).
Glaces (Étamage des).
Laques (Fabrication des).
Moulins à huile.
Ocre jaune (Calcination de l') pour la convertir en ocre rouge.
Tartre (Raffinage du).
Teinturiers.
Teinturiers-dégraisseurs.
Tueries, dans les communes dont la population est au-dessous de dix mille habitans.
Vacheries, dans les villes dont la population excède cinq mille habitans.
Vert-de-gris et verdet (Fabrication du).
Viandes (Salaison et préparation des).
Vinaigre (Fabrication du).

L'accomplissement des formalités établies par le décret du 15 octobre 1810 et par notre présente ordonnance, ne dispense pas de celles qui sont prescrites pour la formation des établissemens qui seront placés dans le rayon des douanes, ou sur une rivière, qu'elle soit navigable ou non : les réglemens à ce sujet continueront à être en vigueur.

Pour copie conforme :

Le Ministre Secrétaire d'État de l'Intérieur,
Signé : L'ABBÉ DE MONTESQUIOU.

LOI

concernant les contraventions aux règlements sur les appareils et bateaux à vapeur

Du 21 Juillet 1856

(Promulguée le 26 Juillet 1856)

NAPOLÉON, par la grâce de Dieu et la volonté nationale, EMPEREUR DES FRANÇAIS,

A tous présents et à venir, SALUT.

AVONS SANCTIONNÉ ET SANCTIONNONS, PROMULGUÉ ET PROMULGUONS ce qui suit :

LOI

Extrait du procès-verbal du Corps Législatif.

Le CORPS LÉGISLATIF A ADOPTÉ LE PROJET DE LOI dont la teneur suit :

TITRE PREMIER

DES CONTRAVENTIONS RELATIVES A LA VENTE DES APPAREILS A VAPEUR

ARTICLE PREMIER. — Est puni d'une amende de cent à mille francs tout fabricant qui a livré une chaudière fermée, ou toute autre pièce destinée à produire de la vapeur, sans qu'elle ait été soumise aux épreuves exigées par les règlements d'administration publique.

Est puni de la même peine, le fabricant qui, après avoir fait dans ses ateliers des changements ou des réparations notables à une chaudière, ou à toute autre pièce destinée à produire de la vapeur, l'a rendue au propriétaire sans qu'elle ait été de nouveau soumise auxdites épreuves.

Art. 2. — Est puni d'une amende de vingt-cinq à deux cents francs tout fabricant qui a livré un cylindre, une enveloppe de cylindre, ou une pièce quelconque destinée à contenir de la vapeur, sans que cette pièce ait été soumise aux épreuves prescrites par lesdits règlements.

TITRE II

DES CONTRAVENTIONS RELATIVES A L'USAGE DES APPAREILS A VAPEUR ÉTABLIS AILLEURS QUE SUR DES BATEAUX

Art. 3. — Est puni d'une amende de vingt-cinq à cinq cents francs quiconque a fait usage d'une machine ou chaudière à vapeur sur laquelle ne seraient pas appliqués les timbres constatant qu'elle a été soumise aux épreuves et vérifications prescrites par les règlements d'administration publique.

Est puni de la même peine quiconque, après avoir fait faire à une chaudière ou partie d'une chaudière des changements ou réparations notables, a fait usage de la chaudière modifiée ou réparée sans en avoir donné avis au préfet ou sans qu'elle ait été soumise de nouveau, dans le cas où le préfet l'aurait ordonné, à la pression d'épreuve correspondant au numéro du timbre dont elle est frappée.

Art. 4. — Est puni d'une amende de vingt-cinq à cinq cents francs quiconque a fait usage d'un appareil à vapeur sans être muni de l'autorisation exigée par les règlements d'administration publique.

L'amende est de cent à mille francs, si l'appareil à vapeur dont il a été fait usage sans autorisation n'est pas revêtu des timbres mentionnés en l'article précédent.

Néanmoins, l'amende n'est point encourue si, dans le délai de deux mois pour les appareils placés dans l'intérieur des établissements et de trois mois pour les appareils placés en dehors, il n'a pas été statué par l'administration sur l'autorisation demandée.

Art. 5. — Celui qui continue à se servir d'un appareil à vapeur pour lequel l'autorisation a été retirée ou suspendue en vertu de règlements d'administration publique, est puni d'une amende de cent à deux mille francs, et peut être condamné, en outre, à un emprisonnement de trois jours à un mois.

Art. 6. — Quiconque fait usage d'un appareil à vapeur autorisé sans s'être conformé aux prescriptions qui lui ont été imposées en vertu desdits règlements, en ce qui concerne les appareils de sûreté dont les chaudières doivent être pourvues et l'emplacement de ces chaudières, ou qui continue à en faire usage alors que les appareils de sûreté et les dispositions du local ont cessé de satisfaire à ces prescriptions, est puni d'une amende de vingt-cinq à deux cents francs.

Art. 7 — Le chauffeur ou mécanicien qui a fait fonctionner une machine ou une chaudière à une pression supérieure au degré déterminé dans l'acte d'autorisation, ou qui a surchargé les soupapes d'une chaudière, faussé ou paralysé les autres appareils de sûreté, est puni d'une amende de vingt-cinq à cinq cents francs, et peut être, en outre, condamné à un emprisonnement de trois jours à un mois.

Le propriétaire, le chef de l'entreprise, le directeur, le gérant ou le préposé par les ordres duquel a eu lieu la contravention prévue au présent article, est puni d'une amende de cent à deux mille francs, et peut être condamné à un emprisonnement de six jours à deux mois.

TITRE III

DES CONTRAVENTIONS RELATIVES AUX BATEAUX A VAPEUR ET AUX APPAREILS A VAPEUR PLACÉS SUR CES BATEAUX

Art. 8. — Est puni d'une amende de cent à deux mille francs tout propriétaire ou chef d'entreprise qui a fait naviguer un bateau à vapeur sans un permis de navigation délivré par l'autorité administrative, conformément aux règlements d'administration publique.

Art. 9. — Le propriétaire ou chef d'entreprise qui a continué de faire naviguer un bateau à vapeur dont le permis a été suspendu ou retiré en vertu desdits règlements encourt une amende de quatre cents à quatre mille francs, et peut être condamné, en outre, à un emprisonnement d'un mois à un an.

Art. 10. — Est puni d'une amende de quatre cents à quatre mille francs tout propriétaire de bateau à vapeur ou chef d'entreprise qui fait usage d'une chaudière non revêtue des timbres constatant qu'elle a été soumise aux épreuves prescrites par les règlements d'administration publique, ou qui, après avoir fait faire à une chaudière ou partie de chaudière des changements ou réparations notables, a fait usage, hors le cas de force majeure, de la chaudière réparée ou modifiée sans qu'elle ait été soumise à la pression d'épreuve correspondante au timbre dont elle est frappée.

Art. 11. — Est puni d'une amende de deux cents à quatre mille francs tout propriétaire de bateau à vapeur ou chef d'entreprise qui, après avoir obtenu un permis de navigation, fait naviguer ce bateau sans se conformer aux prescriptions qui lui ont été imposées en vertu des règlements d'administration publique en ce qui concerne les appareils de sûreté dont les chaudières doivent être pourvues, l'emplacement des chaudières et machines, et les séparations entre cet emplacement et les salles destinées aux passagers.

La même peine est applicable dans le cas ou le bâteau a continué à naviguer après que les appareils de sûreté ou les dispositions du local ont cessé de satisfaire à ces prescriptions.

Art. 12. — Est puni d'une amende de deux cents à deux mille francs tout propriétaire de bateau à vapeur ou chef d'entreprise qui a confié la conduite du bateau ou de l'appareil moteur à un capitaine ou à un mécanicien non pourvus des certificats de capacité exigés par les règlements d'administration publique.

Art. 13. — Est puni d'une amende de cinquante à cinq cents francs le capitaine d'un bateau à vapeur si par suite de sa négligence :

1° La pression de la vapeur dans les chaudières a été portée au-dessus de la limite fixée par le permis de navigation ;

2° Les appareils prescrits, soit pour limiter ou indiquer cette pression, soit pour indiquer le niveau de l'eau dans l'intérieur des chaudières, soit pour alimenter d'eau les chaudières, ont été faussés ou paralysés.

Art. 14. — Est puni d'une amende de cinquante à cinq cents francs et, en outre, d'un emprisonnement de trois jours à trois mois, le mécanicien ou chauffeur qui, sans ordre, a surchargé les soupapes, faussé ou paralysé les autres appareils.

Lorsque la surcharge des soupapes a lieu, hors du cas de force majeure, par l'ordre du capitaine ou du chef de manœuvre qui le remplace, le capitaine ou le chef de manœuvre est puni d'une amende de deux cents à deux mille francs et peut être condamné à un emprisonnement de six jours à deux mois.

Art. 15. — Est puni d'une amende de vingt-cinq à deux cent cinquante francs, et d'un emprisonnement de trois jours à un mois, le mécanicien d'un bateau à vapeur qui aura laissé descendre l'eau, dans la chaudière, au niveau des conduits de la flamme et de la fumée.

Art. 16. — Est puni d'une amende de cinquante à cinq cents francs, le capitaine d'un bateau à vapeur qui a contrevenu aux dispositions des règlements d'administration publique, ou des arrêtés des préfets rendus en vertu de ces règlements, en ce qui concerne :

1° Le nombre de passagers qui peuvent être reçus à bord ;

2° Le nombre et la nature des embarcations, agrès et apparaux dont le bateau doit être pourvu ;

3° Les prescriptions relatives aux embarquements et débarquements et celles qui ont pour objet d'éviter les accidents au départ, au passage sous les ponts ou à l'arrivée des bateaux, ou de prévenir les abordages.

Art. 17. — Dans le cas où, par inobservation des règlements, le capitaine d'un bateau à vapeur a heurté, endommagé ou mis en péril un autre bateau, il est puni d'une amende de cinquante à cinq cents francs, et peut être condamné, en outre, à un emprisonnement de six jours à trois mois.

Art. 18. — Le propriétaire du bateau à vapeur, le chef d'entreprise ou le gérant par les ordres de qui a lieu l'un des faits prévus par les articles 13, 14 et 16 de la présente loi, est passible de peines doubles de celles qui, conformément auxdits articles, seront appliquées à l'auteur de la contravention.

TITRE IV

DISPOSITIONS GÉNÉRALES

Art. 19. — En cas de récidive, l'amende et la durée de l'emprisonnement peuvent être élevées au double du maximum porté dans les articles précédents.

Il y a récidive, lorsque le contrevenant a subi, dans les douze mois qui précèdent, une condamnation en vertu de la présente loi.

Art. 20 — Si les contraventions prévues par les titres II et III de la présente loi ont occasionné des blessures, la peine sera de huit jours à six mois d'emprisonnement et l'amende de cinquante à mille francs ; si elles ont occasionné la mort d'une ou plusieurs personnes, l'emprisonnement sera de six mois à cinq ans, et l'amende de trois cents à trois mille francs.

Art. 21. — Les contraventions prévues par la présente loi sont constatées par les ingénieurs des mines, les ingénieurs des ponts et chaussées, les garde-mines, les conducteurs et autres employés des ponts et chaussées et des mines, commissionnés à cet effet, les maires et adjoints, les commissaires de police, et, en outre, pour les bateaux à vapeur, les officiers de port, les inspecteurs et gardes de la navigation, les membres de commissions de surveillance instituées en exécution des règlements, et les hommes de l'art qui, dans les ports étrangers, auront, en vertu de l'article 49 de l'ordonnance du 17 janvier 1846, été chargés par les consuls ou agents consulaires français, de procéder aux visites des bateaux à vapeur.

Art. 22. — Les procès-verbaux dressés en exécution de l'article précédent sont visés pour timbre et enregistrés en débet.

Ceux qui ont été dressés par des agents de surveillance et gardes assermentés doivent, à peine de nullité, être affirmés dans les trois jours devant le juge de paix ou le maire, soit du lieu du délit, soit de la résidence de l'agent.

Lesdits procès-verbaux font foi jusqu'à preuve contraire.

Les procès-verbaux qui ont été dressés dans les ports étrangers par les hommes de l'art désignés en l'article 21 ci-dessus, sont enregistrés à la chancellerie du consulat et envoyés en originaux au ministre de l'agriculture du commerce et des travaux publics, afin que les poursuites soient exercées devant les tribunaux compétents.

Art. 23. — L'article 463 du Code pénal est applicable aux condamnations prononcées en exécution de la présente loi.

Délibéré en séance publique, à Paris, le 13 juin 1856.

Le Président,
Signé : Comte de MORNY

Les Secrétaires,
Signé : Comte JOACHIM MURAT, marquis DE CHAUMONT-QUITRY, TESNIÈRE, ED. DALLOZ.

Extrait du procès-verbal du Sénat.

Le Sénat ne s'oppose pas à la promulgation de la loi concernant les contraventions aux règlements sur les appareils et bâtiments à vapeur.

Délibéré en séance au palais du Sénat, le 12 juillet 1856.

Le Président,
Signé : TROPLONG.

Les Secrétaires,
Signé : DE LADOUCETTE, DE GOULHOT DE SAINT-GERMAIN, baron T. DE LACROSSE.

Vu et scellé du sceau du Sénat,

Signé : Baron T. DE LACROSSE.

MANDONS et ORDONNONS que les présentes, revêtues du sceau de l'État et insérées au *Bulletin des lois*, soient adressées aux cours, aux tribunaux et aux autorités administratives, pour qu'ils les inscrivent sur leurs registres, les observent et les fassent observer, et notre ministre secrétaire d'État au département de la justice est chargé d'en surveiller la publication.

Fait à Plombières, le 21 juillet 1856.

Signé : NAPOLÉON.

Par l'Empereur :
Le Ministre d'Etat,
Signé : ACHILLE FOULD.

Vu et scellé du grand sceau :
Le garde des sceaux, Ministre secrétaire d'État au département de la justice,
Signé : ABATUCCI.

RAPPORT AU PRÉSIDENT DE LA RÉPUBLIQUE

SUR

L'ÉTABLISSEMENT

DES

APPAREILS A VAPEUR

Paris, le 30 avril 1880.

Monsieur le Président,

Lorsqu'en 1865 le Gouvernement révisa le règlement auquel étaient soumises, depuis plus de vingt ans, les machines et chaudières à vapeur autres que celles placées à bord des bateaux, il se proposait de supprimer une partie de la tutelle administrative qui n'était plus en harmonie avec le progrès de la construction de ces appareils, le développement de leur emploi et l'instruction technique des ouvriers chargés de leur fonctionnement. Son but fut de dégager l'industrie d'entraves devenues inutiles, dans toute la mesure compatible avec les exigences de la sécurité publique. Mais cette mesure ne pouvait être que préjugée ; il appartenait à l'expérience seule de la fixer ; et c'est ce qui explique le besoin de réviser à son tour le décret du 25 janvier 1865 et de le remplacer par le nouveau règlement que je viens soumettre à votre haute sanction.

En effet, une enquête, qui a été ouverte, à l'expiration de la période décennale, auprès de tous les ingénieurs chargés de la surveillance des appareils à vapeur, a montré l'utilité d'assujettir à des prescriptions administratives les récipients de vapeur, qui en sont complètement exonérés depuis 1865, et d'apporter en outre quelques modifications de détail aux dispositions en vigueur concernant les chaudières proprement dites. Les résultats de cette enquête ont été communiqués à la commission centrale des machines à vapeur et au conseil d'État, qui se sont appliqués à concilier dans une sage mesure les nécessités de la sécurité publique avec les exigences de l'industrie.

Rien n'a été changé aux conditions essentielles de l'épreuve des chaudières neuves ; mais le renouvellement de cette épreuve pourra être exigé dans d'autres cas que ceux de réparation notable seuls admis par le décret de 1865, et ne devra jamais être retardé de plus de dix ans.

Antérieurement à ce décret, les ingénieurs pouvaient provoquer la réforme des chaudières qu'un long service ou une détérioration accidentelle leur faisait regarder comme dangereuses. La commission centrale des machines à vapeur, sans doute préoccupée du rôle amoindri attribué à l'administration depuis 1865, avait exprimé le vœu que la faculté d'interdire l'usage d'un générateur réputé dangereux lui fût restituée. Le conseil d'État n'a point été favorable à ce retour partiel à un régime abandonné : j'ai pensé avec lui qu'une telle mesure, rarement applicable dans la pratique, ne serait pas suffisamment motivée par des faits qu'aurait révélé l'application du décret de 1865.

Le renouvellement obligatoire de l'épreuve tous les dix ans donnera d'ailleurs un nouveau gage à la sécurité publique.

En raison de cette innovation, il a paru convenable d'admettre des motifs de dispense quant aux épreuves réglementaires à exécuter entre temps à la suite des réparations, des déplacements ou des chômages prolongés des chaudières, et de tenir compte, à cet effet, de l'existence des associations de propriétaires d'appareils à vapeur, qui se sont formées depuis quelques années.

Ces associations, employant et rémunérant un personnel spécial, ont en vue d'assurer le meilleur fonctionnement possible des appareils, notamment en procédant à des visites intérieures et extérieures des générateurs à vapeur, en les examinant au double point de vue de la sécurité et de la réalisation d'économies de combustible. Il convient d'encourager ces pratiques salutaires et d'appeler les institutions de ce genre à prêter leur concours à l'administration. Déjà le Gouvernement vient de reconnaître l'utilité publique de l'association des propriétaires d'appareils à vapeur du nord de la France. Je me propose, en portant le nouveau règlement à la connaissance des préfets et des ingénieurs des mines, de donner des instructions pour que, dans les régions industrielles où fonctionnent de telles associations, la surveillance officielle tienne compte, dans une juste mesure, des constatations faites par le personnel exerçant la surveillance officieuse dont il s'agit. Le renouvellement de l'épreuve réglementaire pourra, en conséquence, ne pas être exigé avant l'expiration de la période décennale, lorsque des renseignements authentiques sur l'époque et les résultats de la dernière visite intérieure et extérieure d'une chaudière constitueront des présomptions suffisantes en faveur de son bon état ; et les ingénieurs des mines seront autorisés à considérer à cet égard, comme probants, les certificats délivrés aux membres des associations de propriétaires d'appareils à vapeur par celles de ces associations que le ministre aura désignées.

Le classement des chaudières à demeure continuera à comprendre trois catégories, sous le rapport des conditions d'emplacement, ainsi que le prescrit le décret de 1865. La détermination de ces catégories aura lieu d'après une nouvelle base de calcul, que la commission centrale des machines à vapeur a considérée comme plus rationnelle que la base actuelle, mais qui s'en écarte un peu, et dont l'effet est de réduire légèrement, au point de vue du classement, l'importance de la pression maximum sous laquelle une chaudière est appelée à fonctionner, comparativement à son volume.

Les conditions d'emplacement demeureront à très peu près les mêmes qu'aujourd'hui pour les chaudières de la première catégorie, qu'il est permis d'établir à 10 mètres de distance d'une maison d'habitation sans aucune disposition particulière.

Les chaudières de la deuxième catégorie ne peuvent être placées dans l'intérieur des ateliers que lorsque ceux-ci ne feront pas partie d'une maison d'habitation. Il n'y aura plus d'exceptions pour les maisons réservées aux manufacturiers, à leurs familles, à leurs employés, ouvriers et serviteurs, comme l'admettait le décret de 1865, Le nouveau règlement supprime avec raison, sur ce point, une tolérance contraire à la sécurité publique.

Les chaudières de la troisième catégorie continuent à pouvoir être établies dans une maison quelconque,

La faculté précédemment reconnue aux tiers de renoncer à se prévaloir des conditions réglementaires cessera d'exister ; il a paru à la commission centrale des machines à vapeur et au conseil d'État qu'elles ne pourraient pas cesser d'être obligatoires, et je partage complètement cet avis.

De même, l'exécution de la disposition relative à la non production de fumée par les foyers des chaudières à vapeur a paru au conseil d'État de nature à des incertitudes de la part de l'administration et aussi de l'autorité judiciaire. J'ai considéré avec lui que les inconvénients de la fumée ne sont pas particuliers à l'emploi d'un appareil à vapeur, et ne touchent en rien à la sécurité, objet essentiel du décret dont il s'agit Les constatations auxquelles la production de la fumée donnerait lieu appartiendront donc exclusivement au domaine judiciaire, qu'il s'agisse d'un foyer d'appareil à vapeur ou de tout autre foyer.

La plus importante innovation du nouveau règlement est, sans contredit, l'assujettissement des récipients à vapeur d'une certaine capacité à quelques mesures de sûreté. Omis dans l'ordonnance de 1843, ils avaient été assimilés aux générateurs en vertu d'une circulaire ministérielle de 1845, puis volontairement omis encore dans le décret de 1865. De nombreux accidents sont venus démontrer la nécessité de subordonner l'emploi de ces appareils à l'exécution de certaines prescriptions. En conséquence, la commission centrale des machines à vapeur et le conseil d'État ont été d'avis que les récipients d'un volume supérieur à 100 litres fussent soumis à l'épreuve officielle, munis dans certains cas d'une soupape de sûreté et assujettis à la déclaration. Un délai de six mois sera accordé pour l'exécution de ces mesures.

Elles seront applicables, non seulement aux cylindres sécheurs, chaudières à double fond, et appareils divers employés dans l'industrie, mais encore aux machines locomotives sans foyer et aux autres réservoirs dans lesquels est emmagasinée de l'eau à haute température, pour dégager de la vapeur ou de la chaleur.

Enfin, le décret de 1865 n'avait point reproduit la disposition de l'ordonnance de 1843, aux termes de laquelle l'administration avait la faculté de dispenser les chaudières présentant un mode particulier de construction de l'application d'une partie des mesures de sûreté réglementaires pour les soumettre à des conditions spéciales.

Il se bornait à prévoir des cas de dispense, en ce qui touche le niveau du plan d'eau dans les générateurs dont la forme ou la faible dimension semblait exclure toute crainte de danger. Dorénavant, le ministre, après instruction locale et sur l'avis de la commission centrale des machines à vapeur, pourra accorder toute dispense qui ne paraîtra pas de nature à entraîner des inconvénients.

Telles sont les principales modifications du règlement de 1865, concernant les machines à vapeur fixes ou locomobiles, les locomotives et les récipients, qui me paraissent devoir être adoptés dans l'intérêt commun des industriels et du public.

Je vous prie d'agréer, monsieur le président, l'assurance de mon profond respect.

Le ministre des travaux publics,

H. Varroy.

DÉCRET

Relatif aux appareils à vapeur autres que ceux placés à bord des bateaux.

Du 1er Mai 1880

(Promulgué le 2 mai 1880.)

Le Président de la République française,

Sur le rapport du ministre des travaux publics ;

Vu le décret du 25 janvier 1865, relatif aux chaudières à vapeur autres que celles qui sont placées sur des bateaux ;

Vu les avis de la commission centrale des machines à vapeur ;

Le conseil d'État entendu,

Décrète :

ARTICLE PREMIER. — Sont soumis aux formalités et aux mesures prescrites par le règlement : 1° les générateurs de vapeur, autres que ceux qui sont placés à bord des bateaux ; 2° les récipients définis ci-après (titre V).

TITRE PREMIER

MESURES DE SURETÉ RELATIVES AUX CHAUDIÈRES PLACÉES A DEMEURE

Art. 2. — Aucune chaudière neuve ne peut être mise en service qu'après avoir subi l'épreuve réglementaire ci-après définie. Cette épreuve doit être faite chez le constructeur et sur sa demande.

Toute chaudière venant de l'étranger est éprouvée, avant sa mise en service, sur le point du territoire français désigné par le destinataire dans sa demande.

Art. 3. — Le renouvellement de l'épreuve peut être exigé de celui qui fait usage d'une chaudière.

1° Lorsque la chaudière, ayant déjà servi, est l'objet d'une nouvelle installation ;

2° Lorsqu'elle a subi une réparation notable ;

3° Lorsqu'elle est remise en service après un chômage prolongé.

A cet effet, l'intéressé devra informer l'ingénieur des mines de ces diverses circonstances. En particulier, si l'épreuve exige la démolition du massif du fourneau ou l'enlèvement de l'enveloppe de la chaudière et un chômage plus ou moins prolongé, cette épreuve pourra ne point être exigée, lorsque des renseignements authentiques sur l'époque et les résultats de la dernière visite, intérieure et extérieure, constitueront une présomption suffisante en faveur du bon état de la chaudière. Pourront être notamment considérés comme renseignements probants les certificats délivrés aux membres des associations de propriétaires d'appareils à vapeur par celle de ces associations que le ministre aura désignée.

Le renouvellement de l'épreuve est exigible également lorsque, à raison des conditions dans lesquelles une chaudière fonctionne, il y a lieu, par l'ingénieur des mines, d'en suspecter la solidité.

Dans tous les cas, lorsque celui qui fait usage d'une chaudière contestera la nécessité d'une nouvelle épreuve, il sera, après une instruction où celui-ci sera entendu, statué par le préfet.

En aucun cas, l'intervalle entre deux épreuves consécutives n'est supérieur à dix années. Avant l'expiration de ce délai, celui qui fait usage d'une chaudière à vapeur doit lui-même demander le renouvellement de l'épreuve.

Art. 4. — L'épreuve consiste à soumettre la chaudière à une pression hydraulique supérieure à la pression effective qui ne doit point être dépassée dans le service. Cette pression d'épreuve sera maintenue pendant le temps nécessaire à l'examen de la chaudière dont toutes les parties doivent pouvoir être visitées.

La surcharge d'épreuve par centimètre carré est égale à la pression effective, sans jamais être inférieure à un demi-kilogramme ni supérieure à 6 kilogrammes.

L'épreuve est faite sous la direction de l'ingénieur des mines et en sa présence, ou, en cas d'empêchement, en présence du garde-mine opérant d'après ses instructions.

Elle n'est pas exigée pour l'ensemble d'une chaudière dont les diverses parties, éprouvées séparément, ne doivent être réunies que par des tuyaux placés, sur tout leur parcours, en dehors du foyer et des conduits de flamme, et dont les joints peuvent être facilement démontés.

Le chef d'établissement où se fait l'épreuve fournit la main-d'œuvre et les appareils nécessaires à l'opération.

Art. 5. — Après qu'une chaudière ou partie de chaudière a été éprouvée avec succès, il y est apposé un timbre, indiquant, en kilogrammes par centimètre carré, la pression effective que la vapeur ne doit pas dépasser.

Les timbres sont poinçonnés et reçoivent trois nombres indiquant le jour, le mois et l'année de l'épreuve.

Un de ces timbres est placé de manière à être toujours apparent après la mise en place de la chaudière.

Art. 6. — Chaque chaudière est munie de deux soupapes de sûreté, chargées de manière à laisser la vapeur s'écouler dès que sa pression effective atteint la limite maximum indiquée par le timbre réglementaire.

L'orifice de chacune des soupapes doit suffire à maintenir, celle-ci étant au besoin convenablement déchargée ou soulevée et quelle que soit l'activité du feu, la vapeur dans la chaudière à un degré de pression qui n'excède, pour aucun cas, la limite ci-dessus.

Le constructeur est libre de répartir, s'il préfère, la section totale d'écoulement nécessaire des deux soupapes réglementaires entre un plus grand nombre de soupapes.

Art. 7. — Toute chaudière est munie d'un manomètre en bon état placé en vue du chauffeur et gradué de manière à indiquer, en kilogrammes, la pression effective de la vapeur dans la chaudière.

Une marque très apparente indique sur l'échelle du manomètre la limite que la pression effective ne doit point dépasser.

La chaudière est munie d'une ajutage terminé par une bride de $0^m,04$ de diamètre et $0^m,005$ d'épaisseur, disposée pour recevoir le manomètre vérificateur.

Art. 8. — Chaque chaudière est munie d'un appareil de retenue, soupape ou clapet, fonctionnant automatiquement et placé au point d'insertion du tuyau d'alimentation qui lui est propre.

Art. 9. — Chaque chaudière est munie d'une soupape ou d'un robinet d'arrêt de vapeur placé, autant que possible, à l'origine du tuyau de conduite de vapeur, sur la chaudière même.

Art. 10. — Toute paroi en contact par une de ses faces avec la flamme doit être baignée par l'eau sur la face opposée.

Le niveau de l'eau doit être maintenu, dans chaque chaudière, à une hauteur de marche telle qu'il soit, en toute circonstance, à $0^m,06$ au moins au-dessus du plan pour lequel la condition précédente cesserait d'être remplie. La position limite sera indiquée, d'une manière très apparente, au voisinage du tube de niveau mentionné à l'article suivant.

Les prescriptions énoncées au présent article ne s'appliquent point :

1° Aux surchauffeurs de vapeur distincts de la chaudière;

2° A des surfaces relativement peu étendues et placées de manière à ne jamais rougir, même lorsque le feu est poussé à son maximum d'activité, telles que les tubes ou parties de cheminées qui traversent le réservoir de vapeur en envoyant directement à la cheminée principale les produits de la combustion.

Art. 11. — Chaque chaudière est munie de deux appareils indicateurs du niveau de l'eau, indépendants l'un de l'autre et placés en vue de l'ouvrier chargé de l'alimentation.

L'un de ces deux indicateurs est un tube en verre, disposé de manière à pouvoir être facilement nettoyé et remplacé au besoin.

Pour les chaudières verticales de grande hauteur, le tube en verre est remplacé par un appareil disposé de manière à reporter, en vue de l'ouvrier chargé de l'alimentation, l'indication du niveau de l'eau dans la chaudière.

TITRE II

ÉTABLISSEMENT DES CHAUDIÈRES A VAPEUR PLACÉES A DEMEURE

Art. 12. — Toute chaudière à vapeur destinée à être employée à demeure ne peut être mise en service qu'après une déclaration adressée, par celui qui fait usage du générateur, au préfet du département. Cette déclaration est enregistrée à sa date. Il en est donné acte. Elle est communiquée sans délai à l'ingénieur en chef des mines.

Art. 13. — La déclaration fait connaître avec précision :

1. Le nom et le domicile du vendeur de la chaudière ou l'origine de celle-ci ;

2. La commune et le lieu où elle est établie ;

3. La forme, la capacité et la surface de chauffe ;

4. Le numéro du timbre réglementaire ;

5. Un numéro distinctif de la chaudière, si l'établissement en possède plusieurs ;

6. Enfin, le genre d'industrie et l'usage auquel elle est destinée.

Art. 14. — Les chaudières sont divisées en trois catégories.

Cette classification est basée sur le produit de la multiplication du nombre exprimant en mètres cubes la capacité totale de la chaudière (avec ses bouilleurs et ses réchauffeurs alimentaires, mais sans y comprendre les surchauffeurs de vapeur) par le nombre exprimant, en degrés centigrades, l'excès de la température de l'eau correspondant à la pression indiquée par le timbre réglementaire sur la température de 100 degrés, conformément à la table annexée au présent décret.

Si plusieurs chaudières doivent fonctionner ensemble dans un même emplacement, et si elles ont entre elles une communication quelconque, directe ou indirecte, on prend, pour former le produit, comme il vient d'être dit, la somme des capacités de ces chaudières.

Les chaudières sont de la première catégorie quand le produit est plus grand que 200 ; de la deuxième, quand le produit n'excède pas 200, mais surpasse 50 ; de la troisième, si le produit n'excède pas 50.

Art. 15. — Les chaudières comprises dans la première catégorie doivent être établies en dehors de toute maison d'habitation et de tout atelier surmonté d'étages. N'est pas considérée comme un étage, au-dessus de l'emplacement d'une chaudière, une construction dans laquelle ne se fait aucun travail nécessitant la présence d'un personnel à poste fixe.

Art. 16. — Il est interdit de placer une chaudière de première catégorie à moins de 3 mètres d'une maison d'habitation.

Lorsqu'une chaudière de première catégorie est placée à moins de dix mètres d'une maison d'habitation, elle en est séparée par un mur de défense.

Ce mur, en bonne et solide maçonnerie, est construit de manière à défiler la maison par rapport à tout point de la chaudière distant de moins de 10 mètres, sans toutefois que sa hauteur dépasse de 1 mètre la partie la plus élevée de la chaudière. Son épaisseur est égale au tiers au moins de sa hauteur, sans que cette épaisseur puisse être inférieure à 1 mètre en couronne. Il est séparé du mur de la maison voisine par un intervalle libre de 30 centimètres de largeur au moins.

L'établissement d'une chaudière de première catégorie à la distance de 10 mètres ou plus d'une maison d'habitation n'est assujetti à aucune condition particulière.

Les distances de 3 mètres et de 10 mètres, fixées ci-dessus, sont réduites respectivement à 1m,50 et à 5 mètres, lorsque la chaudière est enterrée de façon que la partie supérieure de ladite chaudière se trouve à 1 mètre en contrebas du sol du côté de la maison voisine.

Art. 17. — Les chaudières comprises dans la deuxième catégorie peuvent être placées dans l'intérieur de tout atelier, pourvu que l'atelier ne fasse pas partie d'une maison d'habitation.

Les foyers sont séparés des murs des maisons voisines par un intervalle libre de 1 mètre au moins.

Art. 18. — Les chaudières de troisième catégorie peuvent être établies dans un atelier quelconque, même lorsqu'il fait partie d'une maison d'habitation.

Les foyers sont séparés des murs des maisons voisines par un intervalle libre de 0m,50 au moins.

Art. 19. — Les conditions d'emplacement prescrites pour les chaudières à demeure, par les précédents articles, ne sont pas applicables aux chaudières pour l'établissement desquelles il aura été satisfait au décret du 25 janvier 1865, antérieurement à la promulgation du présent règlement.

Art. 20. — Si, postérieurement à l'établissement d'une chaudière, un terrain contigu vient à être affecté à la construction d'une maison d'habitation, celui qui fait usage de la chaudière devra se conformer aux mesures prescrites par les articles 16, 17 et 18 comme si la maison eût été construite avant l'établissement de la chaudière.

Art. 21. — Indépendamment des mesures générales de sûreté prescrites au titre Ier de la déclaration prévue par les articles 12 et 13, les chaudières à vapeur, fonctionnant dans l'intérieur des mines, sont soumises aux conditions que pourra prescrire le préfet, suivant les cas et sur le rapport de l'ingénieur des mines.

TITRE III

CHAUDIÈRES LOCOMOBILES.

Art. 22. — Sont considérées comme locomobiles les chaudières à vapeur qui peuvent être transportées facilement d'un lieu dans un autre, n'exigent aucune construction pour fonctionner sur un point donné et ne sont employées que d'une manière temporaire à chaque station.

Art. 23. — Les dispositions des articles 2 à 11 inclusivement du présent décret sont applicables aux chaudières locomobiles.

Art. 24. — Chaque chaudière porte une plaque sur laquelle sont gravés, en caractères très apparents, le nom et le domicile du propriétaire, et un numéro d'ordre, si ce propriétaire possède plusieurs chaudières locomobiles.

Art 25. — Elle est l'objet de la déclaration prescrite par les articles 12 et 13. Cette déclaration est adressée au préfet du département où est le domicile du propriétaire.

L'ouvrier chargé de la conduite devra représenter à toute réquisition le récépissé de cette déclaration.

TITRE IV

CHAUDIÈRES DE MACHINES LOCOMOTIVES

Art. 26. — Les machines à vapeur locomotives sont celles qui, sur terre, travaillent en même temps qu'elles se déplacent par leur propre force, telles que les machines des chemins de fer et des tramways, les machines routières, les rouleaux compresseurs, etc.

Art. 27. — Les dispositions des articles 2 à 8 inclusivement et celles des articles 11 et 24 sont applicables aux chaudières des machines locomotives.

Art. 28. — Les dispositions de l'article 25, paragraphe Ier, s'appliquent également à ces chaudières.

Art. 29. — La circulation des machines locomotives a lieu dans les conditions déterminées par des règlements spéciaux.

TITRE V

RÉCIPIENTS

Art. 30. — Sont soumis aux dispositions suivantes les récipients de formes diverses, d'une capacité de plus de cent litres, au moyen desquels les matières à élaborer sont chauffées, non directement à feu nu, mais par de la vapeur empruntée à un générateur distinct, lorsque leur communication avec l'atmosphère n'est point établie par des moyens excluant toute pression effective nettement appréciable.

Art. 31. — Ces récipients sont assujettis à la déclaration prescrite par les articles 12 et 13.

Ils sont soumis à l'épreuve, conformément aux articles 2, 3, 4 et 5. Toutefois, la surcharge d'épreuve sera, dans tous les cas, égale à la moitié de la pression maximum à laquelle l'appareil doit fonctionner, sans que cette surcharge puisse excéder 4 kilogrammes par centimètre carré.

Art. 32. — Ces récipients sont munis d'une soupape de sûreté réglée pour la pression indiquée par le timbre, à moins que cette pression ne soit égale ou supérieure à celle fixée pour la chaudière alimentaire.

L'orifice de cette soupape, convenablement déchargée ou soulevée au besoin, doit suffire à maintenir, pour tous les cas, la vapeur dans le récipient à un degré de pression qui n'excède pas la limite du timbre.

Elle peut être placée, soit sur le récipient lui-même, soit sur le tuyau d'arrivée de la vapeur, entre le robinet et le récipient.

Art. 33. — Les dispositions des articles 30, 31 et 32 s'appliquent également aux réservoirs dans lesquels de l'eau à haute température est emmagasinée, pour fournir ensuite un dégagement de vapeur ou de chaleur, quel qu'en soit l'usage.

Art. 34. — Un délai de six mois, à partir de la promulgation du présent décret, est accordé pour l'exécution des quatre articles qui précèdent.

TITRE VI

DISPOSITIONS GÉNÉRALES

Art. 35. — Le ministre peut, sur le rapport des ingénieurs des mines, l'avis du préfet et celui de la commission centrale des machines à vapeur, accorder dispense de tout ou partie des prescriptions du présent décret, dans tous les cas où, à raison soit de la forme, soit de la faible dimension des appareils, soit de la position spéciale des pièces contenant de la vapeur, il serait reconnu que la dispense ne peut pas avoir d'inconvénient.

Art. 36. — Ceux qui font usage de générateurs ou de récipients de vapeur veilleront à ce que ces appareils soient entretenus constamment en bon état de service.

A cet effet, ils tiendront la main à ce que des visites complètes, tant à l'intérieur qu'à l'extérieur, soient faites à des intervalles rapprochés pour constater l'état des appareils et assurer l'exécution, en temps utile, des réparations ou remplacements nécessaires.

Ils devront informer les ingénieurs des réparations notables faites aux chaudières et aux récipients, en vue de l'exécution des articles 3 (1°, 2° et 3°) et 31, § 2.

Art. 37. — Les contraventions au présent règlement sont constatées, poursuivies et réprimées conformément aux lois.

Art. 38. — En cas d'accident ayant occasionné la mort ou des blessures, le chef de l'établissement doit prévenir immédiatement l'autorité chargée de la police locale et l'ingénieur des mines chargé de la surveillance. L'ingénieur se rend sur les lieux, dans le plus bref délai, pour visiter les appareils, en constater l'état et rechercher les causes de l'accident. Il rédige sur le tout :

1° Un rapport qu'il adresse au procureur de la République et dont une expédition est transmise à l'ingénieur en chef, qui fait parvenir son avis à ce magistrat ;

2° Un rapport qui est adressé au préfet, par l'intermédiaire et avec l'avis de l'ingénieur en chef.

En cas d'accident n'ayant occasionné ni mort ni blessures, l'ingénieur des mines seul est prévenu; il rédige un rapport qu'il envoie, par intermédiaire et avec l'avis de l'ingénieur en chef, au préfet.

En cas d'explosion, les constructions ne doivent point être réparées et les fragments de l'appareil rompu ne doivent point être déplacés ou dénaturés avant la constatation de l'état des lieux par l'ingénieur.

Art. 39. — Par exception, le ministre pourra confier la surveillance des appareils à vapeur aux ingénieurs ordinaires et aux conducteurs des ponts et chaussées, sous les ordres de l'ingénieur en chef des mines de la circonscription.

Art. 40. — Les appareils à vapeur qui dépendent des services spéciaux de l'État sont surveillés par les fonctionnaires et agents de ces services.

Art. 41. — Les attributions conférées aux préfets des départements par le présent décret sont exercées par le préfet de police dans toute l'étendue de son ressort.

Art. 42. — Est rapporté le décret du 25 janvier 1865.

Art. 43. — Le ministre des Travaux publics est chargé de l'exécution du présent décret qui sera inséré au *Journal officiel* et au *Bulletin des lois*.

Fait à Paris, le 30 avril 1880.

Signé : JULES GRÉVY.

Par le Président de la République :

Le Ministre des Travaux publics,
Signé : H. VARROY.

TABLE DONNANT LA TEMPÉRATURE (*en degrés centigrades*) DE L'EAU CORRESPONDANT A UNE PRESSION DONNÉE (*en kilogr. effectifs*).

VALEURS CORRESPONDANTES

DE LA PRESSION EFFECTIVE en kilogrammes	DE LA TEMPÉRATURE en degrés centigrades
0.5	111
1.0	120
1.5	127
2.0	133
2.5	138
3.0	143
3.5	147
4.0	151
4.5	155
5.0	158
5.5	161
6.0	164
6.5	167
7 0	170
7.5	173
8.0	175
8.5	177
9.0	179
9.5	181
10.0	183
10.5	185
11.0	187
11.5	189
12.0	191
12.5	193
13 0	194
13 5	196
14.0	197
14.5	199
15.0	200
15 5	202
16 0	203
16.5	205
17.0	206
17.5	208
18.0	209
18.5	210
19.0	211
19.5	213
20.0	214

RÉPUBLIQUE FRANÇAISE

N° 16,809. — DÉCRET *qui fixe la nomenclature des Établissements dangereux, insalubres ou incommodes*
Du 4 mai 1886.
(Promulgué au *Journal officiel* du 12 mai 1886.)

LE PRÉSIDENT DE LA RÉPUBLIQUE FRANÇAISE,

Sur le rapport du ministre du commerce et de l'industrie ;

Vu le décret du 15 octobre 1810 (1), l'ordonnance royale du 14 janvier 1815 (2), et le décret du 25 mars 1852 (3) sur la décentralisation administrative ;

Vu les décrets des 31 décembre 1866 (4), 31 janvier 1872 (5), 7 mai 1878 (6), 22 avril 1879 (7), 26 février 1881 (8) et 20 juin 1883 (9) ;

Vu les avis du comité consultatif des arts et manufactures ;

Le conseil d'État entendu,

DÉCRÈTE :

Art. Ier. La nomenclature et la division en trois classes des établissements insalubres, dangereux ou incommodes, sont fixées conformément au tableau annexé au présent décret.

2. Les décrets en date des 31 décembre 1866, 31 janvier 1872, 7 mai 1878, 22 avril 1879, 26 février 1881 et 20 juin 1883, sont rapportés.

3. Le ministre du commerce et de l'industrie est chargé de l'exécution du présent décret, qui sera publié au *Journal officiel* et inséré au *Bulletin des lois*.

Fait à Paris, le 3 Mai 1886.

Signé JULES GRÉVY.

Le Ministre du commerce et de l'industrie,
Signé EDOUARD LOCKROY.

1. IVe série, Bull. 323, n° 6,059
2. Ve série, Bull. 76, n° 668.
3. Xe série, Bull. 508, n° 3,855.
4. XIe série, Bull. 1,459, n° 14,860.
5. XIIe série, Bull. 80, n° 884.
6. XIIe série, Bull. 404, n° 7,219.
7. XIIe série, Bull. 452, n° 8,124
8. XIIe série, Bull. 612, n° 10,504.
9. XIIe série, Bull. 778, n° 13,362.

Tableau de classement par ordre alphabétique.

DÉSIGNATION DES INDUSTRIES	INCONVÉNIENTS	classes
Abattoirs publics. (Voir aussi *Tueries.*)	Odeur et altération des eaux.	1re.
Absinthe. (Voir *Distilleries.*)		
Acide arsénique (Fabrication de l') au moyen de l'acide arsénieux et de l'acide azotique :		
1° Quand les produits nitreux ne sont pas absorbés.	Vapeurs nuisibles . .	1re.
2° Quand ils sont absorbés. . . .	*Idem.*	2e.
Acide chlorhydrique (Production de l') par décomposition des chlorures de magnésium, d'aluminium et autres :		
1° Quand l'acide n'est pas condensé .	Emanations nuisibles .	1re.
2° Quand l'acide est condensé . . .	Emanations accidentelles.	2e.
Acide fluorhydrique (Fabrication de l') . .	Emanations nuisibles .	2e.
Acide lactique (Fabrique d')	Odeur.	2e.
Acide muriatique (Voir *Acide chlorhydrique.*)		
Acide nitrique (Fabrication de l') . . .	Émanations nuisibles .	3e.
Acide oxalique (Fabrication de l') :		
1° Par l'acide nitrique :		
a. Sans destruction des gaz nuisibles.	Fumée.	1re.
b. Avec destruction des gaz nuisibles.	Fumée accidentelle. .	3e.
2° Par la sciure de bois et la potasse.	Fumée.	2e.
Acide picrique (Fabrication de l') :		
1° Quand les gaz nuisibles ne sont pas brûlés.	Vapeurs nuisibles . .	1re.
2° Avec destruction des gaz nuisibles.	*Idem.*	3e.
Acide pyroligneux (Fabrication de l') :		
1° Quand les produits gazeux ne sont pas brûlés.	Fumée et odeur. . .	2e.
2° Quand les produits gazeux sont brûlés.	*Idem.*	3e.
Acide pyroligneux (Purification de l') . .	Odeur.	2e.
Acide salicylique (Fabrication de l') au moyen de l'acide phénique.	*Idem.*	2e.
Acide stéarique (Fabrication de l') :		
1° Par distillation	Odeur et danger d'incendie.	1re.
2° Par saponification.	*Idem.*	2e.
Acide sulfurique (Fabrication de l') :		
1° Par combustion du soufre et des pyrites.	Émanations nuisibles .	1re.
2° De Nordhausen, par décomposition du sulfate de fer.	*Idem.*	1re.
Acide urique. (Voir *Murexide.*)		
Acier (Fabrication de l')	Fumée.	3e.
Affinage de l'or et de l'argent par les acides	Emanations nuisibles .	1re.
Affinage des métaux au fourneau. (Voir *Grillage des minerais.*)		

DÉSIGNATION DES INDUSTRIES	INCONVÉNIENTS	classes
Agglomérés ou briquettes de houille (Fabrication des) :		
1° Au brai gras	Odeur et danger d'incendie .	2e.
2° Au brai sec.	Odeur.	3e.
Albumine (Fabrication de l') au moyen du sérum frais du sang.	*Idem*.	3e.
Alcali volatil. (Voir *Ammoniaque*.)		
Alcool (Rectification de l')	Danger d'incendie . .	2e.
Alcools autres que de vin, sans travail de rectification.	Altération des eaux. .	3e.
Alcools (Distillerie agricole d')	*Idem*. . . .	3e.
Aldéhyde (Fabrication de l').	Danger d'incendie . .	1re.
Alizarine artificielle (Fabrication de l') au moyen de l'anthracène.	Odeur et danger d'incendie .	2e.
Allumettes chimiques (Dépôt d') :		
1° En quantités au-dessus de 25 mètres cubes.	Danger d'incendie . .	2e.
2° De 5 à 25 mètres cubes.. . . .	*Idem*.	3e.
Allumettes chimiques (Fabrication des). .	Danger d'explosion ou d'incendie.	1re
Alun. (Voir *Sulfate de fer, d'alumine* etc.)		
Amidon grillé (Fabrication de l') . . .	Odeur.	3e.
Amidonneries :		
1° Par fermentation	Odeur, émanations nuisibles et altérations des eaux.	1re.
2° Par séparation de gluten et sans fermentation.	Altération des eaux. .	2e.
Ammoniaque (Fabrication en grand de l') par la décomposition des sels ammoniacaux.	Odeur.	3e.
Amorces fulminantes (Fabrication des). .	Danger d'explosion.	1re.
Amorces fulminantes pour pistolets d'enfants (Fabrication d').	*Idem*.	2e.
Aniline (Voir *Nitrobenzine*.)		
Arcansons ou résines de pin. (Voir *Résines*, etc.)		
Argenture des glaces avec application de vernis aux hydrocarbures.	Odeur et danger d'incendie .	2e.
Argenture sur métaux. (Voir *Dorure et argenture*.)		
Arséniate de potasse (Fabrication de l') au moyen du salpêtre :		
1° Quand les vapeurs ne sont pas absorbées.	Émanations nuisibles. .	1re.
2 Quand les vapeurs sont absorbées .	Émanations accidentelles.	2e.
Artifices (Fabrication des pièces d'). . .	Danger d'incendie et d'explosion.	1re.
Asphaltes, bitumes, brais et matières bitumineuses solides (Dépôts d').	Odeur, danger d'incendie	3e.

DÉSIGNATION DES INDUSTRIES	INCONVÉNIENTS	classes
Asphaltes et bitumes (Travail des) à feu nu.	Odeur, danger d'incendie.	2e.
Ateliers de construction de machines et wagons. (Voir *Machines et wagons.*)		
Bâches imperméables (Fabrication des) :		
1° Avec cuisson des huiles	Danger d'incendie . .	1re.
2° Sans cuisson des huiles	*Idem*.	2e.
Bains et boues provenant du dérochage des métaux (Traitement des) :		
1° Si les vapeurs ne sont pas condensées.	Vapeurs nuisibles . .	1re.
2° Si les vapeurs sont condensées . .	Vapeurs accidentelles .	2e.
Baleine (Travail des fanons de). (Voir *Fanons de baleine.*)		
Baryte caustique par décomposition du nitrate (Fabrication de la) :		
1° Si les vapeurs ne sont ni condensées ni détruites.	Vapeurs nuisibles . .	1re.
2° Si les vapeurs sont condensées ou détruites,	Vapeurs accidentelles .	2e
Baryte (Décoloration du sulfate de) au moyen de l'acide chlorhydrique à vases ouverts.	Émanations nuisibles .	2e.
Battage, cardage et épuration des laines, crins et plumes de literie.	Odeur et poussière . .	3e.
Battage des cuirs à l'aide de marteaux . .	Bruit et ébranlement .	3e.
Battage des tapis en grand	Bruit et poussière . .	2e.
Battage et lavage (Ateliers spéciaux pour le) des fils de laine, bourres et déchets de filature de laine et de soie dans les villes.	*Idem*.	3e.
Batteurs d'or et d'argent	Bruit.	3e.
Battoir à écorces dans les villes	Bruit et poussière . .	3e.
Benzine (Fabrication et dépôts de). (Voir *Huiles de pétrole, de schiste*, etc.)		
Benzine (Dérivés de la). (Voir *Nitrobenzine.*)		
Betteraves (Dépôts de pulpes de) humides destinées à la vente.	Odeurs, émanations. .	3e.
Bitumes (Fabrication et dépôts de). (Voir *Asphaltes.*)		
Blanc de plomb (Voir *Céruse.*)		
Blanc de zinc (Fabrication de) par la combustion du métal.	Fumées métalliques. .	3e.
Blanchiment ;		
1° Des fils, des toiles et de la pâte à papier par le chlore.	Odeur, émanations nuisibles.	2e.
2° Des fils et tissus de lin, de chanvre et de coton par les chlorures (hypochlorites alcalins).	Odeur, altération des eaux	3e.
3° Des fils et tissus de laine et de soie par l'acide sulfureux.	Émanations nuisibles. .	2e.
Blanchiment des fils et tissus de laine et de soie par l'acide sulfureux en dissolution dans l'eau.	Émanations accidentelles.	3e.

DÉSIGNATION DES INDUSTRIES	INCONVÉNIENTS	classes
Bleu de Prusse (Fabrication du). (Voir *Cyanure de potassium*.)		
Bleu d'outremer (Fabrication du) :		
1° Lorsque les gaz ne sont pas condensés.	Émanations nuisibles .	1re.
2° Lorsque les gaz sont condensés.	Émanations accidentelles.	2e.
Bocards à minerais ou à crasses. . . .	Bruit.	3e.
Boues et immondices (Dépôts de) et voiries.	Odeur.	1re.
Bougies de paraffine et autres d'origine minérale (Moulage des).	Odeur, danger d'incendie	3e.
Bougies et autres objets en cire et en acide stéarique.	Danger d'incendie . .	3e.
Bouillon de bière (Distillation de). (Voir *Distilleries*.)		
Boules au glucose caramélisé pour usage culinaire (Fabrication des).	Odeur.	3e.
Bourres. (Voir *Battage et lavage des fils de laine, bourres*, etc.)		
Boutonniers et autres emboutisseurs de métaux par moyens mécaniques.	Bruit.	3e.
Boyauderies (Travail de boyaux frais pour tous usages.)	Odeur, émanations nuisibles .	1re.
Boyaux et pieds d'animaux abattus (Dépôts de). (Voir *Chairs, débris*, etc.)		
Boyaux salés destinés au commerce de la charcuterie (Dépôts de).	Odeur.	2e.
Brasseries	*Idem*.	3e.
Briqueteries avec fours non fumivores . .	Fumée	3e.
Briqueteries flamandes	*Idem*.	2e.
Briquettes ou agglomérés de houille. (Voir *Agglomérés*.)		
Brûleries des galons et tissus d'or ou d'argent. (Voir *Galons*.)		
Buanderies	Altération des eaux. .	3e.
Café (Torréfaction en grand du)	Odeur et fumée . . .	3e.
Caillettes et caillons pour la confection des fromages. (Voir *Chairs, débris*, etc.)		
Cailloux (Fours pour la calcination des) .	Fumée.	3e.
Calorigène (Dépôts de) et mélanges de ce genre	Danger d'incendie . .	2e.
Carbonisation des matières animales en général .	Odeur.	1re.
Carbonisation du bois :		
1° A l'air libre dans des établissements permanents et autre part qu'en forêt.	Odeur et fumée. . .	2e.
2° En vase clos. — Avec dégagement dans l'air des produits gazeux de la distillation.	*Idem*.	2e.
2° En vase clos. — Avec combustion des produits gazeux de la distillation.	*Idem*.	3e.

DÉSIGNATION DES INDUSTRIES	INCONVÉNIENTS	classes
Caoutchouc (Applications des enduits du) .	Danger d'incendie . .	2e.
Caoutchouc (Travail du) avec emploi d'huiles essentielles ou de sulfure de carbone.	Odeur, danger d'incendie	2e.
Cardage des laines, etc. (Voir *Battage*.)		
Cartonniers	Odeur.	3e.
Celluloïd et produits nitrés analogues, bruts ou travaillés (Dépôts et magasins de vente en gros de).	Danger d'incendie . .	3e.
Celluloïd et produits nitrés analogues. . { (Ateliers de façonnage de).	*Idem*.	2e.
Celluloïd et produits nitrés analogues. . { (Fabrication de). . .	Vapeurs nuisibles, danger d'incendie.	1re.
Cendres d'orfèvre (Traitement des) par le plomb.	Fumées métalliques. .	3e.
Cendres gravelées :		
1o Avec dégagement de la fumée au dehors.	Fumée et odeur. . .	1re.
2o Avec combustion ou condensation des fumées.	*Idem*.	2e.
Céruse ou blanc de plomb (Fabrication de la).	Emanations nuisibles .	3e.
Chairs, débris et issues (Dépôts de) provenant de l'abatage des animaux).	Odeur.	1re.
Chamoiseries	*Idem*.	2e.
Chandelles (Fabrication des).	Odeur, danger d'incendie	3e.
Chantiers de bois à brûler dans les villes.	Emanations nuisibles, danger d'incendie.	3e.
Chanvre (Teillage et rouissage du) en grand. (Voir *Teillage* ou *Rouissage*.)		
Chanvre imperméable (Voir *Feutre goudronné*).		
Chapeaux de feutre (Fabrication de) . . .	Odeur et poussière . .	3e.
Chapeaux de soie ou autres préparés au moyen d'un vernis (Fabrication de) . . .	Danger d'incendie . .	2e.
Charbon animal (Fabrication ou revivification du). (Voir *Carbonisation des matières animales*.)		
Charbon de bois dans les villes (Dépôts ou magasins de).	*Idem*.	3e.
Charbons agglomérés. (Voir *Agglomérés*.)		
Charbons de terre. (Voir *Houille* et *Coke*).		
Chaudronnerie et serrurerie (Ateliers de) employant des marteaux à la main, dans les villes et centres de population de 2,000 âmes et au-dessus.		
1o Ayant de 4 à 10 étaux ou enclumes ou de 8 à 20 ouvriers.	Bruit.	3e.
2o Ayant plus de 10 étaux ou enclumes ou plus de 20 ouvriers.	*Idem*.	2e.
Chaudronneries. (Voir *Forges* et *Chaudronneries*.)		
Chaux (Fours à) :		
1o Permanents	Fumée, poussière .	2e.

DÉSIGNATION DES INDUSTRIES	INCONVÉNIENTS	CLASSES
2° Ne travaillant pas plus d'un mois par an.	Fumée, poussière . . .	3e.
Chicorée (Torréfaction en grand de la). .	Odeur et fumée. . . .	3e.
Chiens (Infirmerie de).	Odeur et bruit . . .	1re.
Chiffons (Dépôts de)	Odeur.	3e.
Chiffons (Traitement des) par la vapeur de l'acide chlorhydrique :		
1° Quand l'acide n'est pas condensé . .	Emanations nuisibles .	1re.
2° Quand l'acide est condensé . . .	Emanations accidentelles.	3e.
Chlore (Fabrication du)	Odeur.	2e.
Chlorure de chaux (Fabrication du) :		
1° En grand	*Idem*.	2e.
2° Dans les ateliers fabricant au plus 300 kilogrammes par jour.	*Idem*.	3e.
Chlorures alcalins, eau de Javelle (Fabrication des).	Odeur.	2e.
Chlorures de soufre (Fabrication des) . .	Vapeurs nuisibles . .	1re.
Choucroute (Ateliers de fabrication de la) .	Odeur.	3e.
Chromate de potasse (Fabrication du) . .	*Idem*.	3e.
Chrysalides (Ateliers pour l'extraction des parties soyeuses des). . .	*Idem*.	1re.
Ciment (Fours à) :		
1° Permanents	Fumée, poussière . .	2e.
2° Ne travaillant pas plus d'un mois par an.	*Idem*.	3e.
Cire à cacheter (Fabrication de la) . . .	Danger d'incendie . .	3e.
Cochenille ammoniacale (Fabrication de la)	Odeur.	3e.
Cocons :		
1° Traitement des frisons de cocons .	Altération des eaux. .	2e.
2° Filature de cocons. (Voir ***Filature***).		
Coke (Fabrication du) :		
1° En plein air ou en fours non fumivores.	Fumée et poussière. .	1re.
2° En fours fumivores	Poussière.	2e.
Colle forte (Fabrication de la)	Odeur, altération des eaux.	1re.
Collodion (Fabrication du)	Danger d'explosion ou d'incendie.	1re
Combustion des plantes marines dans les établissements permanents.	Odeur et fumée . . .	1re.
Construction (Ateliers de. (Voir ***Machines et wagons***.)		
Cordes à instruments en boyaux (Fabrication de). (Voir ***Boyauderies***.)		
Cornes et sabots (Aplatissement des) :		
1° Avec macération	Odeur et altération des eaux.	2e
2° Sans macération	Odeur.	3e.
Corroiries	*Idem*.	2e.
Coton et coton gras (Blanchisserie des déchets de).	Altération des eaux. .	3e.

DÉSIGNATION DES INDUSTRIES	INCONVÉNIENTS	classes
Crayons de graphite pour éclairage électrique (Fabrication des)	Bruit et fumée . . .	2e.
Cretons (Fabrication de)	Odeur et danger d'incendie.	1re.
Crins (Teinture des). (Voir *Teintureries*.)		
Crins et soies de porc. (Voir *Soies de porc*.)		
Cristaux (Fabrication de). (Voir *Verreries*, etc.)		
Cuirs (Battage des). (Voir *Battage*).		
Cuirs vernis (Fabrication de)	*Idem*.	1re.
Cuirs verts et peaux fraîches (Dépôts de)	Odeur.	2e.
Cuivre (Dérochage du) par les acides . . .	Odeur, émanations nuisibles.	3e.
Cuivre (Fonte du). (Voir *Fonderie de cuivre*, etc.)		
Cyanure de potassium et bleu de Prusse (Fabrication de) :		
1° Par la calcination directe des matières animales avec la potasse) .	Odeur.	1re.
2° Par l'emploi de matières préalablement carbonisées en vases clos.	*Idem*.	2e.
Cyanure rouge de potassium ou prussiate rouge de potasse.	Emanations nuisibles .	3e.
Débris d'animaux (dépôts de). (Voir *Chairs*, etc.)		
Déchets de laine (dégraissage des). (Voir *Peaux*, *Etoffes*, etc.)		
Déchets de matières filamenteuses (Dépôts de) en grand dans les villes.	Danger d'incendie . .	3e.
Déchets des filatures de lin, de chanvre et de jute. (Lavage et séchage en grand des)	Odeur, altération des eaux.	2e.
Dégras ou huile épaisse à l'usage des chamoiseurs et corroyeurs (Fabrication de).	Odeur, danger d'incendie	1re.
Dérochage du cuivre (Voir *Cuivre*).		
Distilleries en général, eau-de-vie, genièvre, kirsch, absinthe, et autres liqueurs alcooliques.	Danger d'incendie . .	3e.
Dorure et argenture sur métaux. . .	Emanations nuisibles .	3e.
Dynamite (Fabriques et dépôts de). (Régime spécial. Loi du 8 mars 1875 et décrets des 24 août 1875 et 28 octobre 1882)		
Eau de Javelle (Fabrication d'). (Voir *Chlorures alcalins*.)		
Eau-de-vie. (Voir *Distilleries*.)		
Eau-forte. (Voir *Acide nitrique*.)		
Eaux grasses (Extraction, pour la fabrication du savon et autres usages, des huiles contenues dans les) :		
1° En vases ouverts.	Odeur, danger d'incendie	1re.
2° En vases clos.	*Idem*.	2e.
Eau oxygénée (Fabrique d'). (Voir *Baryte caustique*.)		

DÉSIGNATION DES INDUSTRIES	INCONVÉNIENTS	Classes
Eaux savonneuses des fabriques. (Voir *Huiles extraites des débris d'animaux.*)		
Échaudoirs :		
1° Pour la préparation industrielle des débris d'animaux.	Odeur.	1re.
2° Pour la préparation des parties d'animaux propres à l'alimentation.	*Idem.*	3e.
Ecorces (Battoir à). (Voir *Battoir.*)		
Email (Application de l') sur les métaux . .	Fumée	3e.
Emaux (Fabrication d') avec fours non fumivores.	*Idem.*	3e.
Encres d'imprimerie (Fabrication des) :		
1° Avec cuisson d'huile à feu nu . . .	Odeur, danger d'incendie	1re.
2° Sans cuisson d'huile à feu nu . . .	*Idem.*	2e.
Engrais (Dépôts d') au moyen des matières provenant de vidanges ou de débris d'animaux :		
1° Non préparés ou en magasin non couvert.	Odeur.	1re.
2° Desséchés ou désinfectés et en magasin couvert, quand la quantité excède 25,000 kilogrammes.	*Idem.*	2e.
3° Les mêmes, quand la quantité est inférieure à 25,000 kilogrammes.	*Idem.*	3e.
Engrais (Fabrication des) au moyen des matières animales.	*Idem.*	1re.
Engraissement des volailles dans les villes (Etablissement pour l').	*Idem.*	3e.
Epaillage des laines et draps (par la voie humide).	Danger d'incendie . .	3e.
Eponges (Lavage et séchage des) . . .	Odeur et altération des eaux.	3e.
Epuration des laines, etc. (Voir *Battage.*)		
Equarrissage des animaux (Ateliers d'). .	Odeur, émanations nuisibles.	1re.
Etamage des glaces (Ateliers d'). . . .	Emanations nuisibles . .	3e.
Ether (Dépôts d') :		
1° Si la quantité emmagasinée est, même temporairement, de 1,000 litres ou plus.	Danger d'incendie et d'explosion.	1re.
2° Si la quantité, supérieure à 100 litres, n'atteint pas 1,000 litres.	*Idem.*	2e.
Ether (Fabrication de l').	*Idem.*	1re.
Etoffes (Dégraissage des). (Voir *Peaux, étoffes,* etc.)		
Etoupes (Transformation en) des cordages hors de service, goudronnés ou non.	Danger d'incendie . .	3e.
Etoupilles (Fabrication d') avec matières explosives.	Danger d'explosion et d'incendie.	1re.
Faïence (Fabrique de) :		
1° Avec fours non fumivores . . .	Fumée	2e.
2° Avec fours fumivores. . . .	Fumée accidentelle. .	3e.

DÉSIGNATION DES INDUSTRIES	INCONVÉNIENTS	classes
Fanons de baleine (Travail des).	Emanations incommodes	3e.
Féculeries	Odeur, altération des eaux.	3e.
Fer (Dérochage du).	Vapeurs nuisibles . .	3e.
Fer (Galvanisation du)	*Idem.*	3e
Fer-blanc (Fabrication du)	Fumée	3e.
Feutre goudronné (Fabrication du) . . .	Odeur, danger d'incendie	2e.
Feutres et visières vernis (Fabrication de) .	*Idem.*	1re.
Filature des cocons (Ateliers dans lesquels la) s'opère en grand, c'est-à-dire employant au moins six tours.	Odeur, altération des eaux.	3e.
Fonderies de cuivre, laiton et bronze . .	Fumées métalliques. .	3e.
Fonderies en deuxième fusion	Fumée	3e.
Fonte et laminage du plomb, du zinc et du cuivre.	Bruit, fumée. . . .	3e.
Forges et chaudronneries de grosses œuvres employant des marteaux mécaniques.	Fumée, bruit. . . .	2e.
Formes en tôles pour raffinerie. (Voir *Tôles vernies*.)		
Fourneaux (Hauts-)	Fumée et poussière. .	2e.
Fours à plâtre et fours à chaux. (Voir *Plâtre, chaux*.)		
Fromages (Dépôts de) dans les villes . .	Odeur.	3e.
Fulminate de mercure (Fabrication du). (Régime spécial. Ordonnance du 30 octobre 1836.)	Danger d'explosion et d'incendie.	1re.
Galipots ou résines de pin (Voir *Résines*.)		
Galons et tissus d'or et d'argent (Brûlerie en grand des) dans les villes .	Odeur.	2e.
Gaz (Goudrons des usines à). (Voir *Goudrons*.)		
Gaz d'éclairage et de chauffage (Fabrication du)		
1° Pour l'usage public. (Régime spécial. Décret du 9 février 1867)	Odeur, danger d'incendie	2e.
2° Pour l'usage particulier	*Idem.*	3e.
Gazomètres pour l'usage particulier, non attenant aux usines de fabrication.	*Idem.*	3e.
Gélatine alimentaire et gélatines provenant de peaux blanches et de peaux fraiches non tannées (Fabrication de).	Odeur.	3e.
Générateurs à vapeur (Régime spécial. Décret du 30 avril 1880.)		
Genièvre. (Voir *Distilleries*)		
Glace. (Voir *Réfrigération*.)		
Glace (Etamage des). (Voir *Etamage*.)		
Glycérine (Distillation de la).	*Idem.*	3e.
Glycérine (Extraction de la) des eaux de savonnerie ou de stéarinerie	*Idem.*	2e.
Goudrons et brais végétaux d'origines diverses (Elaboration des).	Odeur, danger d'incendie	1re.
Goudrons et matières bitumineuses fluides (Dépôts de).	*Idem.*	2e.

DÉSIGNATION DES INDUSTRIES	INCONVÉNIENTS	CLASSES
Goudrons (Traitement des) dans les usines à gaz où ils se produisent.	Odeur, danger d'incendie	2e.
Goudrons (Usines spéciales pour l'élaboration des) d'origines diverses.	*Idem.*	1re.
Graisses à feu nu (Fonte des)	*Idem.*	1re.
Graisses de cuisine (Traitement des) . .	Odeur.	1re.
Graisses et suifs (Refonte des)	*Idem.*	3e.
Graisses pour voiture (Fabrication des). .	Odeur, danger d'incendie	1re.
Gravure chimique sur verre, avec application de vernis aux hydrocarbures.	*Idem.*	2e.
Grillage des minerais sulfureux	Fumée, émanations nuisibles.	1re.
Guano (Dépôts de) :		
1° Quand l'approvisionnement excède 25,000 kilogrammes.	Odeur.	1re.
2° Pour la vente au détail	*Idem.*	3e.
Harengs (Saurage des)	*Idem.*	3e.
Hongroieries	*Idem.*	3e.
Houille (Agglomérés de). (Voir *Agglomérés.*)		
Huiles de Bergues (Fabrique d'). (Voir *Dégras.*)		
Huile de pieds de bœuf (Fabrication d') :		
1° Avec emploi de matières en putréfaction.	*Idem.*	1re.
2° Quand les matières employées ne sont pas putréfiées.	*Idem.*	2e.
Huile épaisse ou dégras. (Voir *Dégras.*)		
Huileries ou moulins à huiles	Odeur, danger d'incendie	3e.
Huiles de pétrole, de schiste et de goudron, essences et autres hydrocarbures employés pour l'éclairage, le chauffage, la fabrication des couleurs et vernis, le dégraissage des étoffes et autres usages (Fabrication, distillation, travail en grand et dépôts d'). (Régime spécial. Décrets des 19 mai 1873, 12 juillet 1884 et 20 mars 1885.)		
Huiles de poisson (Fabrique d'). . . .	*Idem.*	1re.
Huiles de résine (Fabrication d') . . .	*Idem.*	1re.
Huiles de ressence (Fabrication d'). . .	Odeur, altération des eaux	2e.
Huiles (Épuration des)	Odeur, danger d'incendie	3e.
Huiles essentielles ou essences de térébenthine, d'aspic et autres (Voir *Huiles de pétrole, de schiste,* etc.).		
Huiles et autres corps gras extraits des débris de matières animales (Extraction des).	*Idem.*	1re.
Huiles extraites des schistes bitumineux (Voir *Huiles de pétrole, de schiste,* etc.)		
Huiles lourdes créosotées (Injection des bois à l'aide des) :		
Ateliers opérant en grand et d'une manière permanente.	*Idem.*	2e.

DÉSIGNATION DES INDUSTRIES	INCONVÉNIENTS	classes
Huiles (Mélange à chaud ou cuisson des) :		
1° En vases ouverts	Odeur, danger d'incendie	1re.
2° En vases clos	*Idem.*	2e.
Huiles oxydées par exposition à l'air (Fabrication et emploi d') :		
1° Avec cuisson préalable	*Idem.*	1re.
2° Sans cuisson	*Idem.*	2e.
Huiles rousses (Fabrication d') par extraction des cretons et débris de graisse à haute température	*Idem.*	1re.
Impressions sur étoffes (Voir ***Toiles peintes.***)		
Jute (Teillage du) (Voir ***Teillage.***)		
Kirsch. (Voir ***Distilleries***)		
Laine. (Voir ***Battage et lavage des fils de laine***, etc.)		
Laiteries en grand dans les villes	Odeur.	2e.
Lard (Ateliers à enfumer le lard)	Odeur et fumée.	3e.
Lavage des cocons (Voir ***Cocons***).		
Lavage et séchage des éponges. (Voir ***Eponges.***)		
Lavoirs à houille	Altération des eaux.	3e.
Lavoirs à laine	*Idem.*	3e.
Lavoirs à minerais en communication avec des cours d'eau.	*Idem.*	3e.
Lessives alcalines des papeteries (Incinération des).	Fumée, odeur et émanations nuisibles.	2e.
Lies de vin (Incinération des).		
1° Avec dégagement de la fumée au dehors.	Odeur.	1re.
2° Avec combustion ou condensation des fumées.	*Idem.*	2e.
Lies de vin (Séchage des)	*Idem.*	2e.
Lignites (Incinération des)	Fumée, émanations nuisibles.	1re.
Lin (Rouissage du). (Voir ***Rouissage.***)		
Lin (Teillage en grand du). (Voir ***Teillage.***)		
Liquides pour l'éclairage (Dépôts de) au moyen de l'alcool et des huiles essentielles.	Danger d'incendie et d'explosion.	2e.
Liqueurs alcooliques. (Voir ***Distilleries.***)		
Litharge (Fabrication de la)	Poussière nuisible	3e.
Machines et wagons (Ateliers de construction de).	Bruit, fumée.	2e.
Machines à vapeur. (Voir ***Générateurs.***)		
Malteries	Altération des eaux.	3e.
Marcs ou charrées de soude (Exploitation des), en vue d'en extraire le soufre, soit libre, soit combiné.	Odeur, émanations nuisibles.	1e.
Maroquineries	Odeur.	3e.
Massicot (Fabrication du)	Emanations nuisibles.	3e.
Matières colorantes (Fabrication des) au moyen de l'aniline et de la nitrobenzine).	Odeur, émanations nuisibles.	3e.

DÉSIGNATION DES INDUSTRIES	INCONVÉNIENTS	classes
Mèches de sûreté pour mineurs (Fabrication des) :		
1° Quand la quantité manipulée ou conservée dépasse 100 kilogrammes de poudre ordinaire.	Danger d'incendie ou d'explosion.	1re.
2° Quand la quantité manipulée ou conservée est inférieure à 100 kilogrammes de poudre ordinaire.	*Idem.*	2e.
Mégisseries	Odeur	3e.
Ménageries	Danger des animaux	1re.
Métaux (Ateliers de) pour construction de machines et appareils. (Voir ***Machines.***)		
Minium (Fabrication du)	Emanations nuisibles	3e.
Miroirs métalliques (Fabrique de) et autres ateliers employant des moutons :		
1° Où on emploie des marteaux ne pesant pas plus de 25 kilogrammes et n'ayant que 1 mètre au plus de longueur de chute.	Bruit et ébranlement	3e.
2° Où on emploie des marteaux ne pesant pas plus de 25 kilogrammes et ayant plus de 1 mètre de longueur de chute.	*Idem.*	2e.
3° Où on emploie des marteaux d'un poids supérieur à 25 kilogrammes, quelle que soit la longueur de chute	*Idem.*	2e.
Morues (Sécheries des)	Odeur	2e.
Moulins à broyer le plâtre, la chaux, les cailloux et les pouzzolanes.	Poussière	3e.
Moulins à huile. (Voir ***Huileries.***)		
Moutons (Ateliers employant des). (Voir ***Miroirs métalliques***)		
Murexide (Fabrication de la) en vases clos par la réaction de l'acide azotique et de l'acide urique du guano.	Emanations nuisibles	2e.
Nitrate de méthyle (Fabrique de)	Danger d'explosion	1re.
Nitrates métalliques obtenus par l'action directe des acides (Fabrication des) :		
1° Si les vapeurs n'y sont pas condensées.	Vapeurs nuisibles	1re.
2° Si les vapeurs sont condensées	Vapeurs accidentelles	2e.
Nitrobenzine, aniline et matières dérivant de la benzine (Fabrication de).	Odeur, émanations nuisibles et danger d'incendie.	2e.
Noir de fumée (Fabrication du) par la distillation de la houille, des goudrons, bitumes, etc.	Fumée, odeur	2e.
Noir des raffineries et des sucreries (Revivification du).	Emanations nuisibles, odeur.	2e.
Noir d'ivoire et noir animal (Distillation des os ou fabrication du) ;		
1° Lorsqu'on n'y brûle pas les gaz.	Odeur	1re.
2° Lorsque les gaz sont brûlés	*Idem.*	2e.

DÉSIGNATION DES INDUSTRIES	INCONVÉNIENTS	classes
Noir minéral (Fabrication du) par le broyage des résidus de la distillation des schistes bitumineux.	Odeur et poussière . .	3e
Oignons (Dessiccation des) dans les villes .	Odeur.	2e.
Olives (Confiserie des)	Altération des eaux. .	3e.
Olives (Tourteaux d'). (Voir *Tourteaux*.)		
Orseille (Fabrication de l') :		
1º En vases ouverts	Odeur.	1re.
2º A vases clos et employant de l'ammoniaque à l'exclusion de l'urine.	*Idem*.	3e.
Os (Torréfaction des) pour engrais) :		
1º Lorsque les gaz ne sont pas brûlés.	Odeur, danger d'incendie	1re.
2º Lorsque les gaz sont brûlés. . .	*Idem*.	2e.
Os d'animaux (Calcination des). (Voir *Carbonisation des matières animales*.)		
Os frais (Dépôts d') en grand.	Odeur, émanations nuisibles.	1re.
Os secs (Dépôts d') en grand.	Odeur	3e.
Ouates (Fabrication des)	Poussière et danger d'incendie.	3e.
Papier (Fabrication du)	Danger d'incendie . .	3e.
Parcheminieries.	Odeur.	3e.
Pâte à papier (Préparation de la) au moyen de la paille et autres matières combustibles.	Altération des eaux. .	2e.
Peaux de lièvre et de lapins. (Voir *Secrétage*).		
Peaux de moutons (Séchage des)	Odeur.	3e.
Peaux, étoffes et déchets de laine (Dégraissage des) par les huiles de pétrole et autres hydrocarbures.	Odeur, danger d'incendie	1re.
Peaux fraîches. (Voir *Cuirs verts*.)		
Peaux (Lustrage et apprêtage des) . . .	Odeur et poussière . .	1re.
Peaux (Planage et séchage des)	Odeur.	3e.
Peaux salées et non séchées (Dépôts de) . .	*Idem*.	2e.
Peaux sèches (Dépôts de) conservées à l'aide de produits odorants.	*Idem*.	3e.
Perchlorure de fer par dissolution de peroxyde de fer (Fabrication de).	Émanations nuisibles .	3e.
Pétrole. (Voir *Huiles de pétrole*, etc.)		
Phosphate de chaux (Ateliers pour l'extraction et le lavage du).	Altération des eaux. .	3e.
Phosphore (Fabrication du)	Danger d'incendie . .	1re.
Pilerie mécanique des drogues	Bruit et poussière . .	3e.
Pipes à fumer (Fabrication des) :		
1º Avec fours non fumivores	Fumée	2e.
1º Avec fours fumivores.	Fumée accidentelle . .	3e.
Plantes marines. (Voir *Combustion des plantes marines*.)		
Platine (Fabrication du)	Émanations nuisibles .	2e.
Plâtre (Fours à) :		
1º Permanents	Fumée et poussière. .	2e.

DÉSIGNATION DES INDUSTRIES	INCONVÉNIENTS	classes
2° Ne travaillant pas plus d'un mois.	Fumée et poussière.	3e.
Plomb (Fonte et laminage du). (Voir *Fonte*.)		
Poêliers fournalistes, poêles et fourneaux en faïence et terre cuite. (Voir *Faïence*.)		
Poils de lièvre et de lapin. (Voir *Secrétage*.)		
Poissons salés (Dépôts de)	Odeur incommode	2e
Porcelaine (Fabrication de la) :		
1° Avec fours non fumivores	Fumée	2e.
2° Avec fours fumivores.	Fumée accidentelle.	3e.
Porcheries comprenant plus de six animaux adultes :		
1° Lorsqu'elles ne sont point l'accessoire d'un établissement agricole.	Odeur, bruit.	2e.
2° Lorsque, dépendant d'un établissement agricole, elles sont situées dans les agglomérations urbaines de 5,000 âmes et au-dessus.	*Idem*.	2e.
Potasse (Fabrication de la) par calcination des résidus de mélasse.	Fumée et odeur.	2e.
Poteries de terre (Fabrication de) avec fours non fumivores.	Fumée	3e.
Poudres et matières fulminantes (Fabrication de). (Voir aussi *Fulminate de mercure*.)	Danger d'explosion et d'incendie.	1re.
Poudrette (Dépôts de). (Voir *Engrais*.)		
Poudrette (Fabrication de) et autres engrais au moyen de matières animales.	Odeur et altération des eaux.	1re.
Pouzzolane artificielle (Fours à).	Fumée	3e.
Protochlorure d'étain ou sel d'étain (Fabrication du).	Emanations nuisibles	2e.
Prussiate de potasse. (Voir *Cyanure de potassium*.)		
Pulpes de betteraves. (Voir *Betteraves*.)		
Pulpes de pommes de terre. (Voir *Féculeries*.)		
Raffineries et fabriques de sucre.	Fumée, odeur	2e.
Réfrigération (Appareils de) :		
1° Par l'acide sulfureux.	Emanations nuisibles	2e.
2° Par l'ammoniaque.	Odeur.	3e.
3° Par l'éther ou autres liquides volatils et combustibles.	Danger d'explosion et d'incendie.	3e.
Résines, galipots et arcansons (Travail en grand pour la fonte et l'épuration des).	Odeur, danger d'incendie	1re.
Rogues (Dépôts de salaisons liquides connues sous le nom de).	Odeur.	2e.
Rouge de Prusse et d'Angleterre.	Emanations nuisibles	1re
Rouissage en grand du chanvre et du lin.	Emanations nuisibles et altération des eaux	1re.
Rouissage en grand du chanvre et du lin par l'action des acides, de l'eau chaude et de la vapeur.	*Idem*.	2e.
Sabots (Ateliers à enfumer les) par la combustion de la corne ou d'autres matières animales dans les villes.	Odeur et fumée	1re.

12

DÉSIGNATION DES INDUSTRIES	INCONVÉNIENTS	Classes
Salaison et préparation des viandes. . .	Odeur.	3e.
Salaisons (Ateliers pour les) et le saurage des poissons.	*Idem*.	2e.
Salaisons (Dépôts de) dans les villes . .	*Idem*.	3e.
Sang :		
1° Ateliers pour la séparation de la fibrine, de l'albumine, etc.	*Idem*.	1re.
2° (Dépôts de) pour la fabrication du bleu de Prusse et autres industries.	*Idem*.	1re.
3° (Fabrique de poudre de) pour la clarification des vins	*Idem*.	1re.
Sardines (Fabrique de conserves de) dans les villes.	*Idem*.	2e.
Saucissons (Fabrication en grand de) . .	*Idem*.	2e.
Saurage des harengs. (Voir ***Harengs***.)		
Savonneries.	*Idem*.	3e.
Schistes bitumineux. (Voir ***Huiles de pétrole, de schiste***, etc.)		
Scieries mécaniques et établissements où l'on travaille le bois à l'aide de machines à vapeur ou à feu.	Danger d'incendie . .	3e.
Séchage des éponges. (Voir ***Eponges***.)		
Sécheries des morues. (Voir ***Morues***.)		
Secrétage des peaux ou poils de lièvre et de lapin.	Odeur.	2e.
Sel ammoniac et sulfate d'ammoniaque (Fabrication des) par l'emploi des matières animales :		
1° Comme établissement principal. .	Odeur, émanations nuisibles.	1re.
2° Comme annexe d'un dépôt d'engrais provenant de vidanges ou de débris d'animaux précédemment autorisé.	*Idem*.	2e.
Sel ammoniac et sulfate d'ammoniaque extraits des eaux d'épuration du gaz (Fabrique spéciale de).	Odeur.	2e.
Sel de soude (Fabrication du) avec le sulfate de soude.	Fumée, émanations nuisibles.	3e.
Sel d'étain. (Voir ***Protochlorure d'étain***.)		
Serrurerie (Ateliers de), (Voir ***Chaudronnerie et serrurerie***.)		
Sinapismes (Fabrication des) à l'aide des hydrocarbures :		
1° Sans distillation	Odeur.	2e.
2° Avec distillation	Odeur, danger d'incendie	1re.
Sirops de fécule et glucoses (Fabrication des).	Odeur.	3e.
Soie. (Voir ***Filature des cocons***.)		
Soies de porcs (Préparation des) :		
1° Par fermentation	*Idem*.	1re.
2° Sans fermentation.	Odeur et poussière . .	3e.
Soude. (Voir ***Sulfate de soude***.)		

DÉSIGNATION DES INDUSTRIES	INCONVÉNIENTS	Classes
Soudes brutes (Dépôts et résidus provenant du lessivage des).	Odeur, émanations nuisibles.	1re.
Soudes brutes de varech (Fabrication des) dans les établissements permanents.	Odeur et fumée . . .	1re.
Soufre (Fusion ou distillation du)	Emanations nuisibles, danger d'incendie.	2e.
Soufre (Lustrage au) des imitations de chapeaux de paille.	Poussière nuisible . . .	3e.
Soufre (Pulvérisation et blutage du). . .	Poussière, danger d'incendie.	3e.
Sucre. (Voir *Raffineries et fabriques de sucre*)		
Suif brun (Fabrication du)	Odeur, danger d'incendie	1re.
Suif en branches (Fonderie de) :		
1° A feu nu	*Idem*.	1re.
2° Au bain-marie ou à la vapeur . .	Odeur.	2e.
Suif d'os (Fabrication du)	Odeur, altération des eaux, danger d'incendie	1re.
Sulfate de baryte (Décoloration du). (Voir *Baryte*.)		
Sulfate de cuivre (Fabrication du) au moyen du grillage des pyrites.	Émanations nuisibles et fumée.	1re.
Sulfate de fer, d'alumine et alun (Fabrication du) par le lavage des terres pyriteuses et alumineuses grillées.	Fumée et altération des eaux.	3e.
Sulfate de mercure (Fabrication du) :		
1° Quand les vapeurs ne sont pas absorbées.	Emanations nuisibles .	1re.
2° Quand les vapeurs sont absorbées.	Emanations moindres .	2e.
Sulfate de peroxyde de fer (Fabrication du) par le sulfate de protoxyde de fer et l'acide nitrique (nitro-sulfate de fer).	Emanations nuisibles .	2e.
Sulfate de protoxyde de fer ou couperose verte par l'action de l'acide sulfurique sur la ferraille (Fabrication en grand du).	Fumée, émanations nuisibles.	3e.
Sulfate de soude (Fabrication du) par la décomposition du sel marin par l'acide sulfurique :		
1° Sans condensation de l'acide chlorhydrique.	Emanations nuisibles .	1re.
2° Avec condensation complète de l'acide chlorhydrique.	*Idem*.	2e.
Sulfure d'arsenic (Fabrication du), à la condition que les vapeurs seront condensées.	Odeur, émanations nuisibles.	2e.
Sulfure de carbone (Dépôts de). (Suivent le régime des huiles de pétrole.)		
Sulfure de carbone (Fabrication du). . .	Odeur, danger d'incendie	1re.
Sulfure de carbone (Manufactures dans lesquelles on emploie en grand le).	Danger d'incendie . . .	1re.
Sulfure de sodium (Fabrication du). . .	Odeur.	2e.
Sulfures métalliques. (Voir *Grillage des minerais sulfureux*.)		

DÉSIGNATION DES INDUSTRIES	INCONVÉNIENTS	Classes
Superphosphate de chaux et de potasse (Fabrication du).	Émanations nuisibles .	2e.
Tabac (Incinération des côtes de) . . .	Odeur et fumée . .	1re.
Tabacs (Manufactures de)	Odeur et poussière . .	2e.
Tabatières en carton (Fabrication des)	Odeur, danger d'incendie	3e.
Taffetas et toiles vernis ou cirés (Fabrication de).	*Idem*.	1re.
Tan (Moulins à)	Bruit et poussière . .	3e.
Tannée humide (Incinération de la) . .	Fumée odeur . . .	2e.
Tanneries	Odeur.	2e.
Tapis (Battage en grand des). (Voir *Battage*.)		
Teillage du lin, du chanvre et du jute en grand.	Poussière et bruit . .	2e.
Teintureries.	Odeur et altération des eaux.	3e.
Teintureries de peaux.	Odeur.	3e.
Térébenthine (Distillation et travail en grand de la). (Voir *Huiles de pétrole, de schiste*, etc.)		
Terres émaillées (Fabrication de) :		
1° Avec fours non fumivores . . .	Fumée	2e.
2° Avec fours fumivores.	Fumée accidentelle. .	3e.
Terres pyriteuses et alumineuses (Grillage des).	Fumée, émanations nuisibles.	1re.
Tissus d'or et d'argent (Brûlerie en grand des). (Voir *Galons*.)		
Toiles (Blanchiment des). (Voir *Blanchiment*.)		
Toiles cirées. (Voir *Taffetas et toiles vernis*.)		
Toiles grasses pour emballage, tissus, cordes goudronnées, papiers goudronnés, cartons et tuyaux bitumés (Fabrique de) :		
1° Travail à chaud	Odeur, danger d'incendie	2e.
2° Travail à froid	*Idem*.	3e.
Toiles peintes (Fabrique de)	Odeur.	3e.
Toiles vernies (Fabrique de). (Voir *Taffetas et toiles vernis*.)		
Tôles et métaux vernis	Odeur, danger d'incendie	3e.
Tonnelleries en grand opérant sur des fûts imprégnés de matières grasses et putrescibles.	Bruit, odeur et fumée .	2e.
Torches résineuses (Fabrication de). . .	Odeur et danger du feu.	2e.
Tourbe (Carbonisation de la) :		
1° A vases ouverts	Odeur et fumée. . .	1re.
2° En vases clos.	Odeur.	2e.
Tourteaux d'olives (Traitement des) par le sulfure de carbone.	Danger d'incendie .	1re.
Tréfileries	Bruit et fumée . . .	3e.
Triperies annexes des abattoirs	Odeur et altération des eaux.	1re.
Tueries d'animaux. (Voir aussi *Abattoirs publics*.)	Danger des animaux et odeur.	2e.

DÉSIGNATION DES INDUSTRIES	INCONVÉNIENTS	classes
Tuileries avec fours non fumivores . . .	Fumée	3e.
Tuiles métalliques (Trempage au goudron des).	Emanations nuisibles, danger d'incendie.	2e.
Tuyaux de drainage (Fabrique de) . . .	Fumée	3e.
Urate (Fabrique d'). Voir *Engrais [Fabrication des]*.		
Vacheries dans les villes de plus de 5,000 habitants.	Odeur et écoulement des urines.	3e.
Varech. (Voir *Soudes de varech*.)		
Verdet ou vert-de-gris (Fabrication du) au moyen de l'acide pyroligneux.	Odeur.	3e.
Vernis à l'esprit-de-vin (Fabrique de) . .	Odeur, danger d'incendie	2e.
Vernis (Ateliers où l'on applique le) sur les cuirs, feutres, taffetas, toiles, chapeaux. (Voir ces mots.)		
Vernis gras (Fabrique de).	*Idem*.	1re.
Vernis. (Voir *Argenture des glaces*.)		
Verreries, cristalleries et manufactures de glaces :		
1° Avec fours non fumivores . . .	Fumée et danger d'incendie.	2e.
2° Avec fours fumivores.	Danger d'incendie . .	3e.
Vessies nettoyées et débarrassées de toute substance membraneuse (Ateliers pour le gonflement et le séchage des).	Odeur.	2e.
Viandes (Salaisons des). (Voir *Salaisons*.)		
Visières vernies (Fabrique de). (Voir *Feutres et visières*.)		
Voirie. (Voir *Boues et immondices*.)		
Volailles (Engraissement des). (Voir *Engraissement*.)		
Wagons (Construction de). (Voir *Machines et wagons*.)		

Nº 19465. — *RAPPORT et DÉCRET concernant les installations de conducteurs électriques destinés au transport de la force ou à la production de la lumière.*

Du 15 Mai 1888.

(Promulgué au *Journal officiel* du 16 juin 1888.)

MONSIEUR LE PRÉSIDENT,

Les applications de l'électricité peuvent aujourd'hui se diviser en deux catégories bien distinctes, si on les envisage au point de vue de la puissance des moyens mis en œuvre. Les unes, comme la télégraphie et la téléphonie, n'utilisent que des courants très faibles qui ne présentent aucun danger pour les personnes ou les choses.

Les autres, comme l'éclairage électrique et le transport électrique de la force, emploient, au contraire, des courants dont l'énergie est comparable à celle de la foudre. Les machines dynamo-électriques, dont l'industrie fait maintenant un usage courant, sont, en effet, des sources d'électricité dont la puissance n'est plus limitée, d'une part, que par les exigences inhérentes à toutes les constructions mécaniques et, d'autre part, par l'imperfection relative de l'isolement des fils conducteurs.

Ce n'est qu'à une douzaine d'années que remontent les tentatives vraiment sérieuses faites pour introduire dans la pratique les applications de l'électricité à l'éclairage; mais, depuis cette époque, les inventions et les perfectionnements ont surgi de tous côtés et les progrès se sont succédé sans interruption.

C'est de ce mouvement, d'une rapidité sans précédent dans le développement des autres branches de l'activité humaine, qu'est née l'idée de l'exposition internationale d'électricité de Paris, qui fut organisée au Palais de l'Industrie en 1881, et dont le succès dépassa toutes les espérances.

Pour le public peu familiarisé avec les appareils de la physique pure ou de télégraphie, qui intéressent surtout les spécialistes, ce fut, avec le téléphone alors dans toute sa nouveauté, l'éclairage électrique qui, sous ses formes variées (*lampes à arc, bougies, lampes à incandescence*), constitua la principale attraction, non seulement parce qu'il répondait à une légitime curiosité, mais parce que son caractère pratique et ses avantages se trouvaient d'ores et déjà démontrés.

Ce n'est pas ici le lieu de rechercher pourquoi notre pays qui, par cette belle et hardie entreprise, a le plus contribué à donner l'essor à la nouvelle industrie, s'est laissé ensuite devancer dans la pratique par d'autres nations;

mais on ne saurait méconnaître que, depuis quelques années, l'électricité tend à se faire la place qui lui revient dans nos procédés d'éclairage. Non seulement elle est adoptée dans bon nombre d'établissements publics ou particuliers disposant d'une force motrice, mais elle fait déjà, dans un certain nombre de villes et de localités, l'objet de systèmes de distribution de lumière qui présentent une certaine analogie avec les installations du gaz. Dans une usine centrale sont installées les machines électriques mises en mouvement, soit par une force naturelle, comme une chute d'eau soit par un moteur à vapeur.

Des fils conducteurs empruntant la voie publique, tantôt suspendus à des appuis, tantôt enfouis dans le sol, amènent le courant électrique chez les abonnés, soit que ce courant alimente directement les lampes, soit que, traversant simplement des *transformateurs*, il engendre par induction d'autres courants destinés à alimenter les appareils d'éclairage. Ces entreprises, grâce auxquelles l'éclairage par l'électricité tend à s'introduire dans les usages de la vie domestique, se multiplient rapidement.

Parmi les autres modes d'utilisation des machines, il en est un qui doit également fixer l'attention d'une manière particulière, bien qu'il ait encore peu pénétré dans la pratique courante : c'est le transport de la force. Sur de nombreux points de notre territoire, notamment dans les pays de montagnes, il existe des chutes d'eau, constituant des sources gratuites d'énergie mécanique, qui restent inutilisées, parce qu'il n'est possible, ni d'installer des usines dans leur voisinage immédiat, ni de transmettre leur puissance par les moyens ordinaires à une distance suffisante.

L'emploi de l'électricité permettrait de mettre à profit une grande partie de cette force aujourd'hui perdue : il suffirait d'installer sous la chute d'eau un moteur hydraulique actionnant une machine dynamo-électrique; le courant produit serait amené par des fils conducteurs à une usine plus ou moins éloignée et y mettrait en mouvement une seconde machine, dont l'arbre développerait l'effort nécessaire au fonctionnement des outils. Cette solution, si simple en principe, ne laisse pas de présenter en pratique des difficultés qu'il est nécessaire de résoudre pour qu'une telle entreprise soit rémunératrice. Des expériences mémorables ont déjà été faites récemment dans cet ordre d'idées, et il est permis de penser que, dans un avenir assez proche, il nous sera donné de voir s'ouvrir la phase des applications.

La lumière électrique et le transport électrique de la force, telles sont donc les deux branches principales d'une industrie née d'hier, dont le public apprécie déjà vivement les avantages et qui, selon toute apparence, va continuer à se développer rapidement. Mais on ne saurait se dissimuler que cette industrie peut, à un instant donné, causer de graves accidents si des mesures de prudence bien étudiées ne sont adoptées en vue de surveiller attentivement et de maîtriser, dans la mesure du possible, le puissant agent physique mis en œuvre.

Quelques accidents, dont certains ont été malheureusement suivis de mort d'hommes, ont mis en évidence les dangers que présente, dans certains cas, le contact du corps humain avec les conducteurs traversés par de puissants courants. D'autre part, l'expérience prouve que l'éclairage électrique, considéré à juste titre comme propre à diminuer les chances d'incendie, peut, au contraire, les augmenter si l'installation des fils n'est pas faite avec les précautions qu'elle comporte.

Cette situation, qui intéresse la sécurité publique, ne pouvait laisser le Gouvernement indifférent. Il a paru qu'elle appelait une réglementation spéciale, et un décret du 15 septembre 1884 a institué une commission *à l'effet de préparer et de proposer un règlement spécial pour fixer les conditions techniques à remplir, dans l'intérêt de la sécurité publique, pour l'installation des conducteurs affectés à la transmission de la lumière ou au transport de la force par l'électricité.*

Cette commission, constituée sous la présidence du ministre des postes et des télégraphes, était composée de membres de l'institut, de jurisconsultes, de savants, d'ingénieurs, et l'industrie s'y trouvait représentée. Les conclusions de ses travaux approfondis ont servi de base au conseil d'État pour l'élaboration d'un projet de décret qui semble concilier dans une juste mesure les exigences de la sécurité publique et la liberté indispensable à l'essor de l'industrie électrique.

Aux termes du chapitre Ier de ce projet, le régime auquel sont assujetties les installations dont il s'agit est celui de la déclaration préalable faite au préfet du département ou au préfet de police dans le ressort de sa juridiction. Il a paru toutefois qu'il y avait lieu d'exempter de cette formalité les installations faites à l'intérieur d'une même propriété, lorsque la force électromotrice des générateurs ne devrait pas dépasser certaines limites déterminées.

Le chapitre II traite des règles générales sur l'établissement et l'exploitation des conducteurs électriques. Ces règles visent les précautions diverses à prendre pour assurer la sécurité des ouvriers dans les locaux mêmes où sont installés les générateurs d'électricité; le diamètre à donner aux conducteurs et le soin à apporter dans l'établissement de leurs raccords, tant afin d'éviter les échauffements dangereux que de prévenir leur rupture; les prescriptions à observer dans l'établissement des lignes, dont les conducteurs ne doivent jamais être à portée de la main. D'autres dispositions se rapportent à l'installation des fils dans les édifices. Les appareils générateurs et récepteurs d'électricité doivent être munis d'organes permettant de les séparer promptement du réseau général; en outre, au siège des appareils générateurs, un indicateur, placé d'une manière très apparente, permet de connaître à tout instant la différence de potentiel aux bornes.

Enfin, des arrêtés préfectoraux spéciaux pourront prescrire qu'il soit périodiquement procédé à des vérifications de l'état des conducteurs et des machines et que les résultats en soient consignés sur des registres.

Il y a lieu de remarquer, Monsieur le Président, que les seules prescriptions visant l'installation des conducteurs dans le voisinage des fils télégraphiques ou téléphoniques sont celles de l'article 7, qui déclare obligatoire l'emploi de fils recouverts sur les appuis supportant des communications télégraphiques ou téléphoniques à fil nu, ainsi qu'au croisement ou à une distance de moins de deux mètres de ces mêmes communications. Ces règles ont pour but de supprimer la possibilité de contacts accidentels; mais, en dehors de ces cas fortuits, les courants puissants dont l'industrie fait usage sont capables d'exercer, dans certaines circonstances, des effets nuisibles pour l'échange des correspondances.

C'est ainsi que les dérivations de courant, aussi bien que les phénomènes d'induction s'exerçant à distance, peuvent déterminer de graves perturbations dans le fonctionnement des communications télégraphiques ou téléphoniques et même le rendre impossible. Néanmoins le projet de décret ne contient aucune disposition applicable à ces éventualités, parce que l'Administration des postes et des télégraphes se trouve armée par le décret du 27 décembre 1851, relatif au monopole et à la police des lignes télégraphiques. En effet, aux termes de ce décret, les délits et contraventions pouvant compromettre le service de la télégraphie électrique sont poursuivis et jugés comme en matière de grande voirie, et le service télégraphique peut prendre immédiatement toutes les mesures provisoires pour faire cesser les dommages.

Le chapitre III traite de la surveillance administrative des conducteurs électriques.

Les ingénieurs et agents des postes et des télégraphes, indépendamment des droits qui leur sont conférés par le décret du 27 décembre 1851, pour la protection des correspondances télégraphiques ou téléphoniques, sont chargés, sous l'autorité des préfets, de veiller à l'exécution des conditions de sûreté prescrites par le règlement, et peuvent faire effectuer en leur présence des expériences et épreuves de contrôle : ce sont là de nouvelles attributions qui devaient leur être confiées en raison de leur compétence professionnelle et de leur connaissance spéciale des questions d'électricité.

Telles sont, Monsieur le Président, les dispositions du projet de décret que j'ai l'honneur de soumettre à votre signature.

Je vous prie d'agréer, Monsieur le Président, l'hommage de mon respectueux dévouement.

Le Ministre des finances,
Signé : P. PEYTRAL.

DÉCRET

Du 16 Mai 1888.
(Promulgué au *Journal officiel* le 16 juin 1888.)

Le Président de la République française,

Sur le rapport du ministre des finances ;

Vu la loi du 22 décembre 1789-8 janvier 1790 (section 3, article 2, paragraphe 9) et celle des 2-17 mars 1791 (article 7) ;

Vu la loi du 29 novembre 1850 et le décret du 27 décembre 1851 (1) sur les lignes télégraphiques.

Le Conseil d'État entendu,

Décrète :

CHAPITRE PREMIER

DE LA DÉCLARATION PRÉALABLE A L'ÉTABLISSEMENT DES CONDUCTEURS ÉLECTRIQUES.

Art. 1er. — Les conducteurs électriques destinés au transport de la force ou à la production de la lumière ne peuvent être établis qu'après une déclaration adressée deux mois à l'avance au préfet du département ou au préfet de police dans le ressort de sa juridiction. Cette déclaration est enregistrée à sa date ; il en est donné récépissé. Elle est communiquée sans délai au chef du service local des postes et télégraphes ; elle est transmise par ses soins à l'administration centrale chargée d'assurer l'exécution du décret du 27 décembre 1851.

En cas d'urgence et, en particulier, dans le cas d'installation temporaire, le délai de deux mois prévu au paragraphe précédent peut être abrégé par le préfet, sur la proposition du chef du service des postes et télégraphes.

2. — Sont exemptées de la formalité de la déclaration préalable les installations faites à l'intérieur d'une même propriété, lorsque la force électro motrice des générateurs ne dépasse pas soixante volts pour les courants alternatifs et cinq cents volts pour les courants non alternatifs.

3. — La déclaration prévue à l'article 1er doit être accompagnée d'un projet détaillé de l'installation indiquant la nature du générateur d'électricité, le maximum de la différence de potentiel aux bornes de la machine, le maximum de l'intensité à distribuer dans chaque branche de circuit, la spécification des conducteurs employés et les précautions prises pour les isoler et les mettre hors de portée du public. Elle est également accompagnée d'un tracé de la ligne et, s'il y a lieu, d'un tracé du dispositif de la distribution ; les parties distinctes de la ligne et de la distribution sont désignées par une série régulière de lettres et de numéros d'ordre.

(1). xe série, Bull. 475, no 3478.

Toute modification d'une installation déclarée donne lieu à une nouvelle déclaration dans les conditions prévues à l'article 1er.

CHAPITRE II.

DES RÈGLES GÉNÉRALES SUR L'ÉTABLISSEMENT ET L'EXPLOITATION DES CONDUCTEURS ÉLECTRIQUES.

4. — Les machines génératrices doivent être placées dans un local où les conducteurs soient bien en vue ; elles doivent être convenablement isolées.

Si les courants émis sont de nature à créer des dangers pour les personnes admises dans ce local, les conducteurs sont placés hors de la portée de la main ; dans les parties où cette condition ne peut être réalisée, ils sont garnis d'enveloppes isolantes. Dans les cas où, à raison de la nature des courants et de l'importance des forces électromotrices obtenues, ces dangers seraient particulièrement graves, il doit être prescrit par le règlement intérieur de l'exploitation, pour les ouvriers de service, des précautions particulières, telles que l'emploi de gants en caoutchouc.

Une affiche, apposée d'une manière très apparente dans la salle des machines, indique les consignes qui doivent être observées par les ouvriers, en vue d'assurer leur sécurité.

5. — L'usage de la terre et l'emploi des conduites d'eau et de gaz pour compléter le circuit sont interdits.

6. — Dans chacune des sections du circuit, le diamètre des conducteurs doit être en rapport avec l'intensité des courants transportés, de telle sorte qu'il ne puisse se produire, en aucun point, un échauffement dangereux pour l'isolement des conducteurs ou pour les objets voisins. Les raccords doivent être établis de façon à ne pas introduire dans le circuit des points faibles au point de vue mécanique ou présentant une résistance électrique dangereuse.

7. — Les fils doivent être suffisamment éloignés des masses conductrices, en particulier des tuyaux d'eau ou de gaz, pour qu'il ne puisse se produire de phénomènes dangereux d'induction.

Les fils employés peuvent être nus ou recouverts d'une enveloppe isolante ; dans le cas où les fils sont nus, ils ne doivent jamais être à la portée de la main, même sur les toits.

Aux points d'attache qui, par leur position, présentent quelques dangers, les fils doivent être revêtus d'une enveloppe isolante. L'emploi des fils recouverts est également obligatoire toutes les fois que les conducteurs sont posés sur des appuis supportant des communications télégraphiques ou téléphoniques à fil nu. Il en est de même dans toutes les parties du tracé où les conducteurs croisent une ligne télégraphique ou téléphonique, ou passent à une distance de moins de deux mètres d'une de ces lignes, ou enfin passent à une distance de moins d'un mètre des masses conductrices, telles que tuyaux d'eau ou de gaz.

8. — A l'intérieur des maisons, les conducteurs sont soumis aux dispositions suivantes : s'ils ne sont pas recouverts d'une enveloppe isolante, ils doivent être placés d'une façon bien apparente, hors de la portée de la main et posés sur des isolateurs ; au passage des toits, planchers, murs et cloisons ou dans le voisinage de masses métalliques, ils sont toujours recouverts ; ils doivent, en outre, être encastrés dans une matière dure sur les points où ils sont exposés à des détériorations par le frottement ou tout autre cause destructive. Dans les parties de leur trajet où ils sont invisibles, ils doivent être disposés de façon à être à l'abri de toute détérioration ; leur position est repérée exactement.

9. — Les appareils générateurs d'électricité doivent être munis d'organes permettant de les isoler du réseau général, soit par la mise en court-circuit de leur conducteur propre, soit par l'introduction de résistances progressives ou par tout autre procédé agissant promptement. Les machines réceptrices ou les groupes d'appareils récepteurs doivent être pourvus d'organes analogues permettant de les séparer rapidement du centre de production.

Au siège des appareils générateurs, un indicateur, placé d'une façon très apparente, permet de connaitre à tout instant la différence de potentiel aux bornes. Lorsqu'un appareil récepteur absorbe plus de dix chevaux-vapeur, il doit être pourvu d'indicateurs analogues.

10. — Les lettres et numéros d'ordre prévus au premier paragraphe de l'article 3 sont reproduits sur les diverses parties de la distribution et, en particulier, aux points intéressants, tels qu'embranchements, commutateurs, instruments de mesure, coupe-circuits, etc.

11. — Des arrêtés préfectoraux spéciaux pourront prescrire qu'il soit périodiquement procédé, par les soins des exploitants, à des vérifications de l'état des conducteurs et des machines, et que les résultats en soient consignés sur des registres dûment côtés et parafés par l'Administration.

CHAPITRE III

DE LA SURVEILLANCE ADMINISTRATIVE DES CONDUCTEURS ÉLECTRIQUES

12. — En sus des attributions qui leur sont conférées par le titre V du décret du 27 décembre 1851, les ingénieurs et agents de postes et télégraphes sont chargés, sous l'autorité des préfets, de la surveillance des conducteurs électriques.

13. — Ces ingénieurs et agents donnent leur avis sur les déclarations prévues aux articles 1 et 8 du présent décret. Ils s'assurent de la conformité des installations réalisées et de leur exploitation avec les déclarations déposées à la préfecture.

14. — Ils s'assurent au moins une fois par an, et plus souvent lorsqu'ils en reçoivent l'ordre du préfet, si toutes les conditions de sûreté prescrites par le présent règlement sont exactement observées.

15. — Les registres prévus à l'article 11 ci-dessus sont présentés à toute réquisition aux ingénieurs et agents ; ils les revêtent de leur visa.

Les mêmes ingénieurs et agents peuvent prescrire que des expériences et épreuves de contrôle soient effectuées en leur présence.

16. — Les contraventions aux dispositions du présent décret seront constatées poursuivies et réprimées conformément à la loi.

17. — Le ministre des finances est chargé de l'exécution du présent décret, qui sera inséré au *Bulletin des lois* et publié au *Journal officiel*.

Fait à Paris, le 15 mai 1888.

Signé : CARNOT.

Le Ministre des finances,
Signé : P. PEYTRAL.

LOI

Sur le travail des enfants, des filles mineures et des femmes dans les établissements industriels.

Du 2 novembre 1892.

(Promulguée au *Journal officiel* le 3 novembre 1892.)

LE SÉNAT ET LA CHAMBRE DES DÉPUTÉS ONT ADOPTÉ,

LE PRÉSIDENT DE LA RÉPUBLIQUE PROMULGUE LA LOI dont la teneur suit :

SECTION PREMIÈRE

Dispositions générales. — Age d'admission. Durée du travail.

ARTICLE PREMIER. — Le travail des enfants, des filles mineures et des femmes dans les usines, manufactures, mines, minières et carrières, chantiers, ateliers et leurs dépendances, de quelque nature que ce soit, publics ou privés, laïques ou religieux, même lorsque ces établissements ont un caractère d'enseignement professionnel ou de bienfaisance, est soumis aux obligations déterminées par la présente loi.

Toutes les dispositions de la présente loi s'appliquent aux étrangers travaillant dans les établissements ci-dessus désignés.

Sont exceptés les travaux effectués dans les établissements où ne sont employés que les membres de la famille sous l'autorité soit du père soit de la mère, soit du tuteur.

Néanmoins, si le travail s'y fait à l'aide de chaudière à vapeur ou de moteur mécanique, ou si l'industrie exercée est classée au nombre des établissements dangereux ou insalubres, l'inspecteur aura le droit de prescrire les mesures de salubrité à prendre conformément aux articles 12, 13 et 14.

ART. 2. — Les enfants ne peuvent être employés par les patrons ni être admis dans les établissements énumérés dans l'article premier avant l'âge de treize ans révolus.

Toutefois, les enfants munis du certificat d'études primaires, institué par la loi du 28 mars 1882, peuvent être employés à partir de l'âge de douze ans.

Aucun enfant âgé de moins de treize ans ne pourra être admis au travail dans les établissements ci-dessus visés, s'il n'est muni d'un certificat d'aptitude physique délivré, à titre gratuit, par l'un des médecins chargés de la surveillance du premier âge ou l'un des médecins inspecteurs des écoles, ou tout autre médecin chargé d'un service public, désigné par le préfet. Cet examen sera contradictoire, si les parents le réclament.

Les inspecteurs du travail pourront toujours requérir un examen médical de tous les enfants au-dessous de seize ans, déjà admis dans les établissements susvisés, à l'effet de constater si le travail dont ils sont chargés excède leurs forces.

Dans ce cas, les inspecteurs auront le droit d'exiger leur renvoi de l'établissement, sur l'avis conforme de l'un des médecins désignés au paragraphe 3 du présent article et après examen contradictoire si les parents le réclament.

Dans les orphelinats et institutions de bienfaisance visés à l'article premier et dans lesquels l'instruction primaire est donnée, l'enseignement manuel ou professionnel, pour les enfants âgés de moins de treize ans, sauf pour les enfants âgés de douze ans munis du certificat d'études primaires, ne pourra pas dépasser trois heures par jour.

Art. 3. — Les enfants de l'un et de l'autre sexe âgés de moins de seize ans ne peuvent être employés à un travail effectif de plus de dix heures par jour.

Les jeunes ouvriers et ouvrières de moins de dix-huit ans ne peuvent être employés à un travail effectif de plus de soixante heures par semaine, sans que le travail journalier puisse excéder onze heures.

Les filles au-dessus de dix-huit ans et les femmes ne peuvent être employées à un travail effectif de plus de onze heures par jour.

Les heures de travail ci-dessus indiquées seront coupées par un ou plusieurs repos dont la durée totale ne pourra être inférieure à une heure et pendant lesquels le travail sera interdit.

SECTION II

Travail de nuit. — Repos hebdomadaire.

Art. 4. — Les enfants âgés de moins de dix-huit ans, les filles mineures et les femmes ne peuvent être employés à aucun travail de nuit dans les établissements énumérés à l'article premier.

Tout travail entre neuf heures du soir et cinq heures du matin est considéré comme un travail de nuit : toutefois, le travail sera autorisé de quatre heures du matin à dix heures du soir quand il sera réparti entre deux postes d'ouvriers ne travaillant pas plus de neuf heures chacun.

Le travail de chaque équipe sera coupé par un repos d'une heure au moins.

Il sera accordé, pour les femmes et les filles âgées de plus de dix-huit ans à certaines industries qui seront déterminés par un règlement d'administration publique et dans les conditions d'application qui seront précisées dans ledit règlement, la faculté de prolonger le travail jusqu'à onze heures du soir, à certaines époques de l'année, pendant une durée totale qui ne dépassera pas soixante jours. En aucun cas, la journée de travail effectif ne pourra être prolongée au delà de douze heures.

Il sera accordé à certaines industries, déterminées par un règlement d'administration publique, l'autorisation de déroger d'une façon permanente aux dispositions des paragraphes 1 et 2 du présent article, mais sans que le travail puisse en aucun cas dépasser sept heures par vingt-quatre heures.

Le même règlement pourra autoriser, pour certaines industries, une dérogation temporaire aux dispositions précitées.

En outre, en cas de chômage résultant d'une interruption accidentelle ou de force majeure, l'interdiction ci-dessus peut, dans n'importe quelle industrie, être temporairement levée par l'inspecteur pour un délai déterminé.

Art. 5. — Les enfants âgés de moins de dix-huit ans, et les femmes de tout âge ne peuvent être employés dans les établissements énumérés à l'article premier plus de six jours par semaine, ni les jours de fêtes reconnus par la loi, même pour rangement d'atelier.

Une affiche apposée dans les ateliers indiquera le jour adopté pour le repos hebdomadaire.

Art. 6. — Néanmoins, dans les usines à feu continu, les femmes majeures et les enfants du sexe masculin peuvent être employés tous les jours de la semaine, la nuit, aux travaux indispensables, sous la condition qu'ils auront au moins un jour de repos par semaine.

Les travaux tolérés et le laps de temps pendant lequel ils peuvent être exécutés seront déterminés par un règlement d'administration publique.

Art. 7. — L'obligation du repos hebdomadaire et les restrictions relatives à la durée du travail peuvent être temporairement levées par l'inspecteur divisionnaire, pour les travaux visés à l'article 5, pour certaines industries à désigner par le susdit règlement d'administration publique.

Art. 8. — Les enfants des deux sexes âgés de moins de treize ans, ne peuvent être employés comme acteurs, figurants, etc., aux représentations publiques données par les théâtres et cafés-concerts sédentaires.

Le Ministre de l'Instruction publique et des Beaux-Arts, à Paris, et les préfets dans les départements, pourront, exceptionnellement, autoriser l'emploi d'un ou plusieurs enfants dans les théâtres pour la représentation de pièces déterminées.

SECTION III
Travaux souterrains.

Art. 9. — Les filles et les femmes ne peuvent être admises dans les travaux souterrains des mines, minières et carrières.

Des règlements d'administration publique détermineront les conditions spéciales du travail des enfants de treize à dix-huit ans du sexe masculin dans les travaux souterrains ci-dessus visés.

Dans les mines spécialement désignées par des règlements d'administration publique, comme exigeant, en raison de leurs conditions naturelles, une dérogation aux prescriptions du paragraphe 2 de l'article 4, ces règlements pourront permettre le travail des enfants à partir de quatre heures du matin et jusqu'à minuit, sous la condition expresse que les enfants ne soient pas assujettis à plus de huit heures de travail effectif ni à plus de dix heures de présence dans la mine, par vingt-quatre heures.

SECTION IV

Surveillance des enfants.

Art. 10. — Les maires sont tenus de délivrer gratuitement aux père, mère, tuteur ou patron, un livret sur lequel sont portés les nom et prénoms des enfants des deux sexes âgés de moins de dix-huit ans, la date, le lieu de leur naissance et leur domicile.

Si l'enfant a moins de treize ans, le livret devra mentionner qu'il est muni du certificat d'études primaires institué par la loi du 28 mars 1882.

Les chefs d'industrie ou patrons inscriront sur le livret la date de l'entrée dans l'atelier et celle de la sortie. Ils devront également tenir un registre sur lequel seront mentionnées toutes les indications insérées au présent article.

Art. 11. — Les patrons ou chefs d'industrie et loueurs de force motrice sont tenus de faire afficher dans chaque atelier les dispositions de la présente loi, les règlements d'administration publique relatifs à son exécution et concernant plus spécialement leur industrie, ainsi que les adresses et les noms des inspecteurs de la circonscription.

Ils afficheront également les heures auxquelles commencera et finira le travail, ainsi que les heures et la durée des repos. Un duplicata de cette affiche sera envoyé à l'inspecteur, un autre sera déposé à la mairie.

L'organisation de relais qui aurait pour effet de prolonger au delà de la limite légale la durée de la journée de travail, est interdite pour les personnes protégées par la présente loi.

Dans toutes les salles de travail des ouvroirs, orphelinats, ateliers de charité ou de bienfaisance dépendant des établissements religieux ou laïques, sera placé d'une façon permanente un tableau indiquant, en caractères facilement lisibles, les conditions du travail des enfants telles qu'elles résultent des articles 2, 3, 4 et 5, et déterminant l'emploi de la journée, c'est-à-dire les heures du travail manuel, du repos, de l'étude et des repas. Ce tableau sera visé par l'inspecteur et revêtu de sa signature.

Un état nominatif complet des enfants élevés dans les établissements ci-dessus désignés, indiquant leurs nom et prénoms, la date et le lieu de leur naissance, et certifié conforme par les directeurs de ces établissements, sera remis tous les trois mois à l'inspecteur et fera mention de toutes les mutations survenues depuis la production du dernier état.

SECTION V

Hygiène et sécurité des travailleurs.

ART. 12. — Les différents genres de travail présentant des causes de danger, ou excédant les forces, ou dangereux pour la moralité, qui seront interdits aux femmes, filles et enfants, seront déterminés par des règlements d'administration publique.

ART. 13. — Les femmes, filles et enfants ne peuvent être employés dans des établissements insalubres ou dangereux, où l'ouvrier est exposé à des manipulations ou à des émanations préjudiciables à sa santé que sous les conditions spéciales déterminées par des règlements d'administration publique pour chacune de ces catégories de travailleurs.

ART. 14. — Les établissements visés dans l'article premier et leurs dépendances doivent être tenus dans un état constant de propreté, convenablement éclairés et ventilés. Ils doivent présenter toutes les conditions de sécurité et de salubrité nécessaires à la santé du personnel.

Dans tout établissement contenant des appareils mécaniques, les roues, les courroies, les engrenages, ou tout autre organe pouvant offrir une cause de danger, seront séparés des ouvriers de telle manière que l'approche n'en soit possible que pour les besoins du service.

Les puits, trappes et ouvertures de descente doivent être clôturés.

ART. 15. — Tout accident ayant occasionné une blessure à un ou plusieurs ouvriers, survenu dans un des établissements mentionnés à l'article premier sera l'objet d'une déclaration par le chef de l'entreprise ou, à son défaut et en son absence, par son préposé.

Cette déclaration contiendra le nom et l'adresse des témoins de l'accident : elle sera faite dans les quarante-huit heures au maire de la commune, qui en dressera procès-verbal dans la forme à déterminer par un règlement d'administration publique. A cette déclaration sera joint, produit par le patron, un certificat du médecin indiquant l'état du blessé, les suites probables de l'accident et l'époque à laquelle il sera possible d'en connaître le résultat définitif.

Récépissé de la déclaration et du certificat médical sera remis, séance tenante, au déposant.

Avis de l'accident est donné immédiatement par le maire à l'inspecteur divisionnaire ou départemental.

ART. 16. — Les patrons ou chefs d'établissement doivent, en outre, veiller au maintien des bonnes mœurs et à l'observation de la décence publique.

SECTION VI

Inspection.

ART. 17. — Les inspecteurs du travail sont chargés d'assurer l'exécution de la présente loi et de la loi du 9 septembre 1848.

Ils sont chargés, en outre, concurremment avec les commissaires de police, de l'exécution de la loi du 7 décembre 1874 relative à la protection des enfants employés dans les professions ambulantes.

Toutefois, en ce qui concerne les exploitations de mines, minières et carrières, l'exécution de la loi est exclusivement confiée aux ingénieurs et contrôleurs des mines, qui, pour ce service, sont placés sous l'autorité du Ministre du Commerce et de l'Industrie.

ART. 18. — Les inspecteurs du travail sont nommés par le Ministre du Commerce et de l'Industrie.

Ce service comprendra :

1° Des inspecteurs divisionnaires ;

2° Des inspecteurs ou inspectrices départementaux.

Un décret rendu, après avis du Comité des arts et manufactures et de la Commission supérieure du travail ci-dessous instituée, déterminera les départements dans lesquels il y aura lieu de créer des inspecteurs départementaux. Il fixera le nombre, le traitement et les frais de tournée de ces inspecteurs.

Les inspecteurs ou inspectrices départementaux sont placés sous l'autorité de l'inspecteur divisionnaire.

Les inspecteurs du travail prêtent serment de ne point révéler les secrets de fabrication et, en général, les procédés d'exploitation dont ils pourraient prendre connaissance dans l'exercice de leurs fonctions.

Toute violation de ces serments est punie conformément à l'article 378 du Code pénal.

ART. 19. — Désormais ne seront admissibles aux fonctions d'inspecteur divisionnaire ou départemental que les candidats ayant satisfait aux conditions et aux concours visés par l'article 22.

La nomination au poste d'inspecteur titulaire ne sera définitive qu'après un stage d'un an.

ART. 20. — Les inspecteurs et inspectrices ont entrée dans tous les établissements visés par l'article premier ; ils peuvent se faire représenter le registre prescrit par l'article 10, les livrets, les règlements intérieurs et, s'il y a lieu, le certificat d'aptitude physique mentionné à l'article 2.

Les contraventions sont constatées par les procès-verbaux des inspecteurs et inspectrices, qui font foi jusqu'à preuve contraire.

Ces procès-verbaux sont dressés en double exemplaire, dont l'un est envoyé au préfet du département et l'autre déposé au parquet.

Les dispositions ci-dessus ne dérogent point aux règles du droit commun, quant à la constatation et à la poursuite des infractions à la présente loi.

ART. 21. — Les inspecteurs ont pour mission, en dehors de la surveillance qui leur est confiée, d'établir la statistique des conditions du travail industriel dans la région qu'ils sont chargés de surveiller.

Un rapport d'ensemble résumant ces communications sera publié tous les ans, par les soins du Ministre du Commerce et de l'Industrie.

SECTION VII

Commissions supérieure et départementales.

Art. 22. — Une commission supérieure composée de neuf membres, dont les fonctions sont gratuites, est établie auprès du Ministre du Commerce et de l'Industrie. Cette commission comprend deux sénateurs, deux députés, élus par leurs collègues et cinq membres nommés pour une période de quatre ans, par le Président de la République. Elle est chargée:

1° De veiller à l'application uniforme et vigilante de la présente loi;

2° De donner son avis sur les règlements à faire et généralement sur les diverses questions intéressant les travailleurs protégés;

3° Enfin, d'arrêter les conditions d'admissibilité des candidats à l'inspection divisionnaire et départementale, et le programme du concours qu'ils devront subir.

Les inspecteurs divisionnaires nommés en vertu de la loi du 19 mars 1874 et actuellement en fonction, seront répartis entre les divers postes d'inspecteurs divisionnaires et d'inspecteurs départementaux établis en exécution de la présente loi, sans être assujettis à subir le concours.

Les inspecteurs départementaux pourront être conservés sans subir un nouveau concours.

Art. 23. — Chaque année, le président de la Commission adresse au Président de la République un rapport général sur les résultats de l'inspection et sur les faits relatifs à l'exécution de la présente loi.

Ce rapport doit être, dans le mois de son dépôt, publié au *Journal officiel*.

Art. 24. — Les Conseils généraux devront instituer une ou plusieurs Commissions chargées de présenter, sur l'exécution de la loi et les améliorations dont elle serait susceptible, des rapports qui seront transmis au Ministre, et communiqués à la Commission supérieure.

Les inspecteurs divisionnaires et départementaux, les président et vice-présidents du Conseil de prud'hommes du chef-lieu ou du principal centre industriel du département et, s'il y a lieu, l'ingénieur des mines, font partie de droit de ces Commissions dans leurs circonscriptions respectives.

Les Commissions locales instituées par les articles 20, 21 et 22 de la loi du 19 mai 1874 sont abolies.

Art. 25. — Il sera institué dans chaque département des comités de patronage ayant pour objet :

1° La protection des apprentis et des enfants employés dans l'industrie ;

2° Le développement de leur instruction professionnelle.

Le Conseil général, dans chaque département, déterminera le nombre et la circonscription des comités de patronage, dont les statuts seront approuvés dans le département de la Seine par le Ministre de l'Intérieur et le Ministre du Commerce et de l'Industrie, et par les préfets dans les autres départements.

Les comités de patronage seront administrés par une Commission composée de sept membres, dont quatre seront nommés par le Conseil général et trois par le préfet.

Ils sont renouvelables tous les trois ans. Les membres sortants pourront être appelés de nouveau à en faire partie.

Leurs fonctions sont gratuites.

SECTION VIII

Pénalités.

ART. 26. — Les manufacturiers, directeurs ou gérants d'établissements visés dans la présente loi, qui auront contrevenu aux prescriptions de ladite loi et des règlements d'administration publique relatifs à son exécution, seront poursuivis devant le tribunal de simple police, et passibles d'une amende de 5 à 15 francs.

L'amende sera appliquée autant de fois qu'il y aura de personnes employées dans des conditions contraires à la présente loi.

Toutefois, la peine ne sera pas applicable si l'infraction à la loi a été le résultat d'une erreur provenant de la production d'actes de naissance, livrets ou certificats contenant de fausses énonciations ou délivrés pour une autre personne.

Les chefs d'industrie seront civilement responsables des condamnations prononcées contre leurs directeurs ou gérants.

ART. 27. — En cas de récidive, le contrevenant sera poursuivi devant le tribunal correctionnel et puni d'une amende de 16 à 100 francs.

Il y a récidive lorsque, dans les douze mois antérieurs au fait poursuivi, le contrevenant a déjà subi une condamnation pour une contravention identique.

En cas de pluralité de contraventions entraînant ces peines de la récidive, l'amende sera appliquée autant de fois qu'il aura été relevé de nouvelles contraventions.

Les tribunaux correctionnels pourront appliquer les dispositions de l'article 463 du Code pénal sur les circonstances atténuantes, sans qu'en aucun cas l'amende, pour chaque contravention, puisse être inférieure à 5 francs.

ART. 28. — L'affichage du jugement peut, suivant les circonstances et en cas de récidive seulement, être ordonné par le tribunal de police correctionnelle.

Le tribunal peut également ordonner, dans le même cas, l'insertion du jugement, aux frais du contrevenant, dans un ou plusieurs journaux du département.

ART. 29. — Est puni d'une amende de 100 à 500 francs quiconque aura mis obstacle à l'accomplissement des devoirs d'un inspecteur.

En cas de récidive, l'amende sera portée de 500 à 1.000 francs.

L'article 463 du Code pénal est applicable aux condamnations prononcées en vertu de cet article.

SECTION IX

Dispositions spéciales.

Art. 30. — Les règlements d'administration publique nécessaires à l'application de la présente loi seront rendus après avis de la Commission supérieure du travail et du Comité consultatif des arts et manufactures.

Le Conseil général des mines sera appelé à donner son avis sur les règlements prévus en exécution de l'article 9.

Art. 31. — Les dispositions de la présente loi sont applicables aux enfants placés en apprentissage et employés dans un des établissements visés à l'article premier.

Art. 32. — Les dispositions édictées par la présente loi ne seront applicables qu'à dater du 1er janvier 1893.

La loi du 19 mai 1874 et les règlements d'administration publique rendus en exécution de ses dispositions seront abrogés à la date susindiquée.

La présente loi, délibérée et adoptée par le Sénat et par la Chambre des Députés, sera exécutée comme loi de l'État.

Fait à Paris, le 2 novembre 1892.

Signé : Carnot.

Par le Président de la République :

Le Ministre du Commerce et de l'Industrie
Jules Roche

Le Garde des Sceaux,
Ministre de la Justice et des Cultes,
L. Ricard.

LOI

concernant l'Hygiène et la Sécurité des Travailleurs dans les Établissements industreils

Du 12 Juin 1893

(Promulguée au *Journal officiel* du 13 juin 1893).

Le Sénat et la Chambre des Députés ont adopté,

Le Président de la République promulgue la loi dont la teneur suit :

ARTICLE PREMIER. — Sont soumis aux dispositions de la présente loi les manufactures, fabriques, usines, chantiers, ateliers de tout genre et leurs dépendances.

Sont seuls exceptés les établissements où ne sont employés que les membres de la famille sous l'autorité, soit du père, soit de la mère, soit du tuteur.

Néanmoins, si le travail s'y fait à l'aide de chaudière à vapeur ou de moteur mécanique, ou si l'industrie exercée est classée au nombre des établissements dangereux ou insalubres, l'inspecteur aura le droit de prescrire les mesures de sécurité et de salubrité à prendre conformément aux dispositions de la présente loi.

ART. 2. — Les établissements visés à l'article premier doivent être tenus dans un état constant de propreté et présenter les conditions d'hygiène et de salubrité nécessaires à la santé du personnel.

Ils doivent être aménagés de manière à garantir la sécurité des travailleurs. Dans tout établissement fonctionnant par des appareils mécaniques, les roues, les courroies, les engrenages ou tout autre organe pouvant offrir une cause de danger seront séparés des ouvriers de telle manière que l'approche n'en soit possible que pour les besoins du service. Les puits, trappes et ouvertures doivent être clôturés.

Les machines, mécanismes, appareils de transmission, outils et engins doivent être installés et tenus dans les meilleures conditions possibles de sécurité.

Les dispositions qui précèdent sont applicables aux théâtres, cirques, magasins et autres établissements similaires où il est fait emploi d'appareils mécaniques.

ART. 3. — Des règlements d'administration publique, rendus après avis du comité consultatif des arts et manufactures, détermineront :

1° Dans les trois mois de la promulgation de la présente loi, les mesures générales de protection et de salubrité applicables à tous les établissements assujettis, notamment en ce qui concerne l'éclairage, l'aération ou la ventila-

tion, les eaux potables, les fosses d'aisances, l'évacuation des poussières et vapeurs, les précautions à prendre contre les incendies, etc.;

2° Au fur et à mesure des nécessités constatées, les prescriptions particulières relatives, soit à certaines industries, soit à certains modes de travail.

Le comité consultatif d'hygiène publique de France sera appelé à donner son avis en ce qui concerne les règlements généraux prévus au paragraphe 2 du présent article.

Art. 4. — Les inspecteurs du travail sont chargés d'assurer l'exécution de la présente loi et des règlements qui y sont prévus; ils ont entrée dans les établissements spécifiés à l'article premier et au dernier paragraphe de l'article 2, à l'effet de procéder à la surveillance et aux enquêtes dont ils sont chargés.

Art. 5. — Les contraventions sont constatées par les procès-verbaux de inspecteurs, qui font foi jusqu'à preuve contraire.

Les procès-verbaux sont dressés en double exemplaire, dont l'un est envoyé au préfet du département et l'autre envoyé au parquet.

Les dispositions ci-dessus ne dérogent point aux règles du droit commun quant à la constatation et à la poursuite des infractions commises à la présente loi.

Art. 6. — Toutefois, en ce qui concerne l'application des règlements d'administration publique prévus par l'article 3 ci-dessus, les inspecteurs, avant de dresser procès-verbal, mettront les chefs d'industrie en demeure de se conformer aux prescriptions dudit règlement.

Cette mise en demeure sera faite par écrit sur le registre de l'usine; elle sera datée et signée, indiquera les contraventions relevées et fixera un délai à l'expiration duquel ces contraventions devront avoir disparu. Ce délai ne sera jamais inférieur à un mois.

Dans les quinze jours qui suivent cette mise en demeure, le chef d'industrie adresse, s'il le juge convenable, une réclamation au ministre du commerce et de l'industrie. Ce dernier peut, lorsque l'obéissance à la mise en demeure nécessite des transformations importantes portant sur le gros œuvre de l'usine, après avis conforme du comité des arts et manufactures, accorder à l'industriel un délai dont la durée, dans tous les cas, ne dépassera jamais dix-huit mois.

Notification de la décision est faite à l'industriel dans la forme administrative; avis en est donné à l'inspecteur.

Art. 7. — Les chefs d'industrie, directeurs, gérants ou préposés, qui auront contrevenu aux dispositions de la présente loi et des règlements d'administration publique relatifs à son exécution, seront poursuivis devant le tribunal de simple police et punis d'une amende de cinq à quinze francs (5 à 15 fr.). L'amende sera appliquée autant de fois qu'il y aura de contraventions distinctes constatées par le procès-verbal, sans toutefois que le chiffre total des amendes puisse excéder deux cents francs (200 fr.).

Le jugement fixera, en outre, le délai dans lequel seront exécutés les travaux de sécurité et de salubrité imposés par la loi.

Les chefs d'industrie sont civilement responsables des condamnations prononcées contre leurs directeurs, gérants ou préposés.

Art. 8. — Si, après une condamnation prononcée en vertu de l'article précédent, les mesures de sécurité ou de salubrité imposées par la présente loi ou par les règlements d'administration publique n'ont pas été exécutées dans le délai, fixé par le jugement qui a prononcé la condamnation, l'affaire est, sur un nouveau procès-verbal, portée devant le tribunal correctionnel, qui peut, après une nouvelle mise en demeure restée sans résultat, ordonner la fermeture de l'établissement.

Le jugement sera susceptible d'appel; la cour statuera d'urgence.

Art. 9. — En cas de récidive, le contrevenant sera poursuivi devant le tribunal correctionnel et puni d'une amende de cinquante à cinq cents francs (50 à 500 fr.) sans que la totalité des amendes puisse excéder deux mille francs (2.000 fr.).

Il y a récidive lorsque le contrevenant a été frappé, dans les douze mois qui ont précédé le fait qui est l'objet de la poursuite, d'une première condamnation pour infraction à la présente loi ou aux règlements d'administration publique relatifs à son exécution.

Art. 10. — Les inspecteurs devront fournir, chaque année, des rapports circonstanciés sur l'application de la présente loi dans toute l'étendue de leurs circonscriptions. Ces rapports mentionneront les accidents dont les ouvriers auront été victimes et leurs causes. Il contiendront les propositions relatives aux prescriptions nouvelles qui seraient de nature à mieux assurer la sécurité du travail.

Un rapport d'ensemble, résumant ces communications, sera publié tous les ans par les soins du ministre du commerce et de l'industrie.

Art. 11. — Tout accident ayant causé une blessure à un ou plusieurs ouvriers, survenu dans un des établissements mentionnés à l'article premier et au dernier paragraphe de l'article 2, sera l'objet d'une déclaration par le chef de l'entreprise ou, à son défaut et en son absence, par le préposé.

Cette déclaration contiendra le nom et l'adresse des témoins de l'accident; elle sera faite dans les quarante-huit heures au maire de la commune, qui en dressera procès-verbal dans la forme à déterminer par un règlement d'administration publique. A cette déclaration sera joint, produit par le patron, un certificat du médecin indiquant l'état du blessé, les suites probables de l'accident et l'époque à laquelle il sera possible d'en connaître le résultat définitif.

Récépissé de la déclaration et du certificat médical sera remis, séance-tenante, au déposant. Avis de l'accident est donné immédiatement par le maire à l'inspecteur divisionnaire ou départemental.

Art. 12. — Seront punis d'une amende de cent à cinq cents francs (100 à 500 fr.), et en cas de récidive, de cinq cents à mille francs (500 à 1.000 fr.), tous ceux qui auront mis obstacle à l'accomplissement des devoirs d'un inspecteur.

Les dispositions du Code pénal qui prévoient et répriment les actes de résistance, les outrages et les violences contre les officiers de la police judiciaire sont, en outre, applicables à ceux qui se rendront coupables de faits de même nature à l'égard des inspecteurs.

Art. 13. — Il n'est rien innové quant à la surveillance des appareils à vapeur.

Art. 14. — L'article 463 du Code pénal est applicable aux condamnations prononcées en vertu de la présente loi.

Art. 15. — Sont et demeurent abrogées toutes les dispositions des lois et règlements contraires à la présente loi.

La présente loi, délibérée et adoptée par le Sénat et par la Chambre des députés, sera exécutée comme loi de l'Etat.

Fait à Paris, le 12 juin 1893.

Signé : CARNOT.

Le Garde des sceaux. Ministre de la justice,
Signé : E. Guérin.

Le Ministre du commerce, de l'industrie et des colonies.
Signé : Terrier.

DÉCRET

relatif aux accidents du travail

Du 20 novembre 1893

Le Président de la République française,

Sur le rapport du ministre du commerce, de l'industrie et des colonies,

Vu l'article 11 de la loi du 12 juin 1893 ainsi conçu :

« Tout accident ayant occasionné une blessure à un ou plusieurs ouvriers, survenu dans un des établissements mentionnés à l'article 1er et au dernier paragraphe de l'article 2, sera l'objet d'une déclaration par le chef de l'entreprise ou, à son défaut et son absence, par le préposé.

« Cette déclaration contiendra le nom et l'adresse des témoins de l'accident ; elle sera faite dans les quarante-huit heures au maire de la commune, qui en dressera procès-verbal, dans la forme à déterminer par un règlement d'administration publique. A cette déclaration sera joint, produit par le patron un certificat du médecin, indiquant l'état du blessé, les suites probables de l'accident et l'époque à laquelle il sera possible d'en connaître le résultat définitif.

« Récépissé de la déclaration et du certificat médical sera remis, séance tenante, au déposant.

« Avis de l'accident est donné immédiatement par le maire à l'inspecteur divisionnaire ou départemental » ;

Le conseil d'État entendu,

Décrète :

ART. 1er. — Le procès-verbal de la déclaration d'un accident, à dresser, en vertu de l'article 11 de la loi du 12 juin 1893, par le maire de la commune où cet accident s'est produit, sera rédigé conformément au modèle annexé au présent décret.

ART. 2. — Le ministre du commerce, de l'industrie et des colonies est chargé de l'exécution du présent décret, qui sera inséré au *Bulletin des lois* et publié au *Journal officiel* de la République française.

Fait à Paris, le 20 novembre 1893.

Signé : CARNOT.

Par le Président de la République :

Le Ministre du commerce, de l'industrie et des colonies,

Signé : TERRIER.

DÉPARTEMENT
d

ARRONDISSEMENT
d

CANTON
d

COMMUNE
d

(1) Nom et prénoms.
(2) Indiquer la date et l'heure.
(3) Indiquer les nom, prénoms, profession et adresse; mentionner, en cas d'absence, ou à défaut du chef de l'entreprise, que la déclaration a bien été faite par son préposé.
(4) Effacer isolé ou multiple suivant les cas.
(5) Indiquer la nature de l'établissement et le lieu où il est situé, ainsi que l'atelier où a eu lieu l'accident.
(6) Indiquer les nom, prénoms, âge, sexe, profession et adresse de la victime ou des victimes.
(7) Indiquer les noms, professions et adresses.

RÉPUBLIQUE FRANÇAISE

Mairie d

PROCÈS-VERBAL DE DÉCLARATION D'ACCIDENT (A)

(Art. 11 de la loi du 12 juin 1893).

Par devant nous (1), maire de la commune d département d , soussigné, a comparu, le (2) M (3) qui nous a remis, en vertu de l'article 11 de la loi du 12 juin 1893, une déclaration relative à un accident isolé *ou* multiple (4) survenu le (2) dans (5) à (6)

Cette déclaration constate que : 1° L'accident résulte de la circonstance suivante.

2° Que les témoins de l'accident sont (7)

A cette déclaration était joint un certificat de M (1) médecin à , donnant par victime les renseignements suivants :

NOM ET PRÉNOMS des victimes	SEXE ET AGE des victimes	SUITES DE L'ACCIDENT		SUITES PROBABLES de la blessure	ÉPOQUE à laquelle il sera possible d'en connaître le résultat définitif
		MORTS	NATURE de la blessure		

La déclaration et le certificat médical ont été annexés au présent procès-verbal pour être transmis à Monsieur l'inspecteur départemental du travail en résidence à

Fait et arrêté le présent procès-verbal les jour, mois et an que dessus, lequel a été signé avec nous par le déclarant après lecture faite.

(Signatures).

Vu pour être annexé au décret du 20 novembre 1893

Le ministre du Commerce, de l'Industrie et des Colonies,

Signé : TERRIER.

(A) Sont seuls considérés comme accident ceux qui paraissent devoir entraîner une incapacité de travail de *trois jours* au moins.

DÉCRET

Portant règlement d'administration publique pour l'application de la loi du 12 juin 1893, en ce qui concerne les mesures d'hygiène, de salubrité et de protection à prendre dans les manufactures, fabriques, usines, chantiers et ateliers de tous genres.

Du 10 mars 1894.

Le Président de la République française,

Sur le rapport du Ministre du commerce, de l'industrie et des colonies;

Vu l'article 3 de la loi du 12 juin 1893, ainsi conçu :

« Des règlements d'administration publique, rendus après avis du comité consultatif des arts et manufactures, détermineront :

« 1° Dans les trois mois de la promulgation de la présente loi, les mesures générales de protection et de salubrité applicables à tous les établissements assujettis, notamment en ce qui concerne l'éclairage, l'aération et la ventilation, les eaux potables, les fosses d'aisances, l'évacuation des poussières et vapeurs, les précautions à prendre contre l'incendie, etc. ;

2° Au fur et à mesure des nécessités constatées, les prescriptions particulières relatives soit à certaines industries, soit à certains modes de travail.

« Le comité consultatif d'hygiène publique de France sera appelé à donner son avis en ce qui concerne les règlements généraux prévus au paragraphe 2 du présent article » ;

Vu l'article du comité consultatif d'hygiène publique de France ;

Vu l'avis du comité facultatif des arts et manufactures ;

Le conseil d'État entendu,

Décrète :

Art. 1er. — Les emplacements affectés au travail dans les manufactures, fabriques, usines, chantiers, ateliers de tous genres et leurs dépendances seront tenus en état constant de propreté. Le sol sera nettoyé à fond au moins une fois par jour avant l'ouverture et après la clôture du travail. Ce nettoyage sera fait soit par un lavage, soit à l'aide de brosses ou de linges humides si les conditions de l'industrie ou la nature du revêtement du sol s'opposent au lavage. Les murs et les plafonds seront l'objet de fréquents nettoyages ; les enduits seront refaits toutes les fois qu'il sera nécessaire.

Art. 2. — Dans les locaux où l'on travaille des matières organiques altérables, le sol sera rendu imperméable et toujours bien nivelé, les murs seront recouverts d'un produit permettant un lavage efficace.

En outre, le sol et les murs seront lavés aussi souvent qu'il sera nécessaire avec une solution désinfectante. Un lessivage à fond avec la même solution sera fait au moins une fois par an.

Les résidus putrescibles ne devront jamais séjourner dans les locaux affectés au travail et seront enlevés au fur et à mesure.

Art. 3. — L'atmosphère des ateliers et de tous les autres locaux affectés au travail sera tenue constamment à l'abri de toute émanation provenant d'égouts, fossés, puisards, fosses d'aisances ou de toute autre source d'infection.

Dans les établissements qui déverseront les eaux résiduaires ou de lavages dans un égout public ou privé, toute communication entre l'égout et l'établissement sera munie d'un intercepteur hydraulique fréquemment nettoyé et abondamment lavé au moins une fois par jour.

Les travaux dans les puits, conduites de gaz, canaux de fumées, fosses d'aisances, cuves et appareils quelconques pouvant contenir des gaz délétères, ne seront entrepris qu'après que l'atmosphère aura été assainie par une ventilation efficace. Les ouvriers appelés à travailler dans ces conditions seront attachés par une ceinture de sûreté.

Art. 4. — Les cabinets d'aisances ne devront pas communiquer avec les locaux fermés où seront employés des ouvriers. Ils seront éclairés, abondamment pourvus d'eau, munis de cuvettes avec inflexion siphoïde du tuyau de chute. Le sol, les parois seront en matériaux imperméables, les peintures seront d'un ton clair.

Il y aura au moins un cabinet pour cinquante personnes et des urinoirs en nombre suffisant.

Aucun puits absorbant, aucune disposition analogue ne pourra être établie qu'avec l'autorisation de l'administration supérieure et dans les conditions qu'elle aura prescrites.

Art. 5. — Les locaux fermés affectés au travail ne seront jamais encombrés ; le cube d'air par ouvrier ne pourra être inférieur à 6 mètres cubes.

Ils seront largement aérés. Ces locaux, leurs dépendances et notamment les passages et escaliers seront convenablement éclairés.

Art. 6. — Les poussières ainsi que les gaz incommodes, insalubres ou toxiques seront évacués directement au dehors de l'atelier au fur et à mesure de leur production.

Pour les buées, vapeurs, gaz, poussières légères, il sera installé des hottes avec cheminées d'appel ou tout autre appareil d'élimination efficace.

Pour les poussières déterminées par les meules, les batteurs, les broyeurs et tous autres appareils mécaniques, il sera installé, autour des appareils, des tambours en communication avec une ventilation aspirante énergique.

Pour les gaz lourds, tels que vapeurs de mercure, de sulfure de carbone, la ventilation aura lieu *per descensum* ; les tables ou appareils de travail seront mis en communication directe avec le ventilateur.

La pulvérisation des matières irritantes ou toxiques ou autres opérations telles que le tamisage et l'embarillage de ces matières se feront mécaniquement en appareils clos.

L'air des ateliers sera renouvelé de façon à rester dans l'état de pureté nécessaire à la santé des ouvriers.

Art. 7. — Pour les industries désignées par arrêté ministériel, après avis du comité consultatif des arts et manufactures, les vapeurs, les gaz incommodes et insalubres et les poussières seront condensés ou détruits.

Art. 8. — Les ouvriers ne devront point prendre leurs repas dans les ateliers ni dans aucun local affecté au travail.

Les patrons mettront à la disposition de leur personnel les moyens d'assurer la propreté individuelle, vestiaires avec lavabos, ainsi que l'eau de bonne qualité pour la boisson.

Art. 9. — Pendant les interruptions de travail pour les repas, les ateliers seront évacués et l'air en sera entièrement renouvelé.

Art. 10. — Les moteurs à vapeur, à gaz, les moteurs électriques, les roues hydrauliques, les turbines, ne seront accessibles qu'aux ouvriers affectés à leur surveillance. Ils seront isolés par des cloisons ou barrières de protection.

Les passages entre les machines, mécanismes, outils mus par ces moteurs auront une largeur de 80 centimètres : le sol des intervalles sera nivelé.

Les escaliers seront solides et munis de fortes rampes.

Les puits, trappes, cuves, bassins, réservoirs de liquides corrosifs ou chauds, seront pourvus de solides barrières ou garde-corps.

Les échafaudages seront munis, sur toutes leurs faces, de garde-corps de 90 centimètres de haut.

Art. 11. — Les monte-charges, ascenseurs, élévateurs, seront guidés et disposés de manière que la voie de la cage du monte-charge et des contrepoids soit fermée ; que la fermeture du puits à l'entrée des divers étages ou galeries s'effectue automatiquement ; que rien ne puisse tomber du monte-charge dans le puits.

Pour les monte-charges destinés à transporter le personnel, la charge devra être calculée au tiers de la charge admise pour le transport des marchandises, et les monte-charges seront pourvus de freins, chapeaux parachutes ou autres appareils préservateurs.

Art. 12. — Toutes les pièces saillantes mobiles et autres parties dangereuses des machines, et notamment les bielles, roues, volants, les courroies et câbles, les engrenages, les cylindres et cônes de friction ou tous autres organes de transmission qui seraient reconnus dangereux, seront munis de dispositifs protecteurs, tels que gaines et chéneaux de bois ou de fer, tambours pour les courroies et les bielles, ou de couvre-engrenage, garde-mains, grillages.

Les machines-outils à instruments tranchants, tournant à grande vitesse, telles que machines à scier, fraiser, raboter, découper, hacher, les cisailles, coupe-chiffons et autres engins semblables seront disposés de telle sorte que les ouvriers ne puissent, de leur poste de travail, toucher involontairement les instruments tranchants.

Sauf le cas d'arrêt du moteur, le maniement des courroies sera toujours fait par le moyen de systèmes tels que monte-courroie, porte-courroie, évitant l'emploi direct de la main.

On devra prendre autant que possible des dispositions telles qu'aucun ouvrier ne soit habituellement occupé à un travail quelconque dans le plan de rotation ou aux abords immédiats d'un volant, d'une meule ou de tout autre engin pesant et tournant à grande vitesse.

ART. 13. — La mise en train et l'arrêt des machines devront être toujours précédés d'un signal convenu.

ART. 14. — L'appareil d'arrêt des machines motrices sera toujours placé sous la main des conducteurs qui dirigent ces machines.

Les contremaîtres ou chefs d'atelier, les conducteurs de machines-outils, métiers, etc., auront à leur portée le moyen de demander l'arrêt des moteurs.

ART. 15. — Des dispositifs de sûreté devront être installés dans la mesure du possible pour le nettoyage et le graissage des transmissions ou mécanismes en marche.

En cas de réparation d'un organe mécanique quelconque, son arrêt devra être assuré par un calage convenable de l'embrayage ou du volant : il en sera de même pour les opérations de nettoyage qui exigent l'arrêt des organes mécaniques.

ART. 16. — Les sorties des ateliers sur les cours, vestibules, escaliers et autres dépendances intérieures de l'usine doivent être munies de portes s'ouvrant de dedans en dehors. Ces sorties seront assez nombreuses pour permettre l'évacuation rapide de l'atelier; elles seront toujours libres et ne devront jamais être encombrées de marchandises, de matières en dépôt ni d'objets quelconques.

Le nombre des escaliers sera calculé de manière que l'évacuation de tous les étages d'un corps de bâtiment contenant des ateliers puisse se faire immédiatement.

Dans les ateliers occupant plusieurs étages, la construction d'un escalier extérieur incombustible pourra, si la sécurité l'exige, être prescrite par une décision du ministre du commerce, après avis du comité des arts et manufactures.

Les récipients pour l'huile ou le pétrole servant à l'éclairage seront placés dans des locaux séparés et jamais au voisinage des escaliers.

ART. 17. — Les machines dynamos devront être isolées électriquement.

Elles ne seront jamais placées dans un atelier où des corps explosifs, des gaz détonants ou des poussières inflammables se manient ou se produisent.

Les conducteurs électriques placés en plein air pourront rester nus; dans ce cas, ils devront être portés par des isolateurs de porcelaine ou de verre; ils seront écartés des masses métalliques, telles que gouttières, tuyaux de descente, etc.

A l'intérieur des ateliers, les conducteurs nus destinés à des prises de courant sur leur parcours seront écartés des murs, hors de la portée de la main et convenablement isolés,

Les autres conducteurs seront protégés par des enveloppes isolantes.

Toutes précautions seront prises pour éviter l'échauffement des conducteurs à l'aide de coupe-circuits et autres dispositifs analogues.

Art. 18. — Les ouvriers et ouvrières qui ont à se tenir près des machines doivent porter des vêtements ajustés et non flottants.

Art. 19. — Les délais d'exécution des travaux de transformation qu'implique le présent règlement sont fixés : à trois mois à compter de sa promulgation, pour les articles 2, § 1; 3, § 2; 4, §§ 1 et 2; 6, §§ 1, 2, 3, 4 et 5; 8, § 2; 11; 12, §§ 1, 2 et 3; 14, § 2; 15, § 1; 16, §§ 1 et 2; 17, et à un an pour les articles 5, § 1 et 10, § 2.

Art. 20. — Le ministre du commerce, de l'industrie et des colonies est chargé de l'exécution du présent décret qui sera inséré au *Bulletin des lois* et publié au *Journal officiel* de la République française.

Fait à Paris, le 10 mars 1894.

Signé : CARNOT.

Par le Président de la République :

Le Ministre du commerce, de l'industrie et de colonies,

Signé : J. Marty.

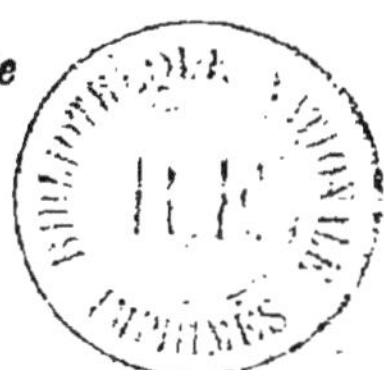

TABLE DES MATIÈRES

CHAPITRE III

CHAPITRE IV

CHAPITRE V

CHAPITRE VI

CHAPITRE VII

CHAPITRE VIII

CHAPITRE IX

CHAPITRE X

LOIS ET DÉCRETS

relatifs aux Etablissements industriels.

Paris. — Imp. E. BERNARD et Cie, 23, rue des Grands-Augustins.

www.ingramcontent.com/pod-product-compliance
Ingram Content Group UK Ltd.
Pitfield, Milton Keynes, MK11 3LW, UK
UKHW020557180726
13838UKWH00001B/302